CRISTINA CONTILLI

TEMPESTE NEL SILENZIO

**Amicizie, amori e idee politiche
di Silvio Pellico in uno dei periodi
meno conosciuti della sua vita (1842-1852)**

1

Lulu.com

3101 Hillsborough Street

Raleigh, NC 27607

USA

Printed in 2015.

NUOVA EDIZIONE CON L'AGGIUNTA IN APPENDICE DI DOCUMENTI INEDITI CONSERVATI NELL'ARCHIVIO STORICO DEL COMUNE DI SALUZZO.

DISPONIBILE ANCHE IN FORMATO KINDLE:

http://www.amazon.it/Cristina-Contilli-Tempeste-nel-silenzio-ebook/dp/B00PFYZODE/ref=sr_1_10?ie=UTF8&qid=1425250058&sr=8-10&keywords=contilli

COVER interna: una delle numerose versioni de Il bacio di Francesco Hayez realizzate dall'artista negli anni '50 dell'800.

COVER esterna: una composizione formata dai cdv di Cristina Archinto Trivulzio e Silvio Pellico accostati ad una riproduzione del bacio di Francesco Hayez.

Images free by copyright, from Wikimedia commoms and other links indicated in the final bibliography.

Silvio Pellico in una litografia del 1840, dalla mia collezione personale di foto e ritratti del passato.

Per comprare il cartaceo (con le illustrazioni in bianco e nero):

http://www.lulu.com/shop/cristina-contilli/tempeste-nel-silenzio-amicizie-amori-e-idee-politiche-di-silvio-pellico-in-uno-dei-periodi-meno-conosciuti-della-sua-vita-1842-1852/paperback/product-20994825.html

Per comprare il cartaceo (con le illustrazioni a colori):

http://www.lulu.com/shop/cristina-contilli/tempeste-nel-silenzio-amicizie-amori-e-idee-politiche-di-silvio-pellico-in-uno-dei-periodi-meno-conosciuti-della-sua-vita-1842-1852-edizione-con-le-illustrazioni-a-colori/paperback/product-20978801.html

*La marchesa Giulia Colbert Falletti Di Barolo in un cdv
dello studio fotografico Petit di Parigi
(proveniente dalla mia collezione di foto d'epoca originali
e donato a fine 2013 all'archivio storico del comune
di Saluzzo dove è attualmente conservato).*

Le pauvre Pellico n'a pas les talents de sir Walter Scott; mais voilà une âme digne de l'intérêt le plus tendre et le plus passionné.

STENDHAL

Foto probabile di Cristina Archinto Trivulzio
dello studio Richard di Ginevra
(Per un privilegio concesso nel 1808 alla famiglia Trivulzio
Cristina godeva della cittadinanza del Canton Ticino come
sua cugina che nel 1831 ne aveva beneficiato per evitare di
essere arrestata dalla polizia austriaca).

INTRODUZIONE

Balbianino, 20 agosto 1819: *"Non voglio più amare - se posso. - Disgraziatamente v'è quella compagna delle passeggiate mie solitarie, quella fanciulla di 20 anni, quella che mi porgeva il latte, dopo averlo libato colle sue labbra - la sua immagine è qui, profondamente scolpita; ma no, non sarà amore. Non abbiamo proferito altro nome che quello di amicizia. - Il pericolo era passato, tutta la brigata s'era sciolta; io era venuto via da Balbianino; stavamo qui alla Cascina, Porro ed io - quand'ecco una sera - eravamo mezzi addormentati sopra un sofà - compariscono dei cappellini - tre donne; la madre e le due figlie - io balzai come un innamorato di 15 anni."* (S. Pellico, lettera a Ferdinando Rossi di Vandorno)[1]

"Le mie sono disavventure di cuore, ma profonde, insanabili." (Silvio Pellico a Quirina Mocenni Magiotti in una lettera del gennaio 1820)

Torino, 22 giugno 1847: *"Madame Mon devoir aurait été d'aller vous présenter mes devoirs en personne et j'aurais été trop heureux de le remplir. Madame, Je compte sur votre indulgence. Permettez moi en la réclamant de vous dire encore combien j'ai été touché de l'aimable visite dont vous avez daigné m'honorer. Si ces grandes chaleurs ne nuisaient pas à ma santé toujours si faible je n'aurais pas manqué d'aller vous en remercier moi-même. A mon sentiment de reconnaissance se joint celui du haut respect que m'inspire*

---

[1] S. Pellico, "Lettere milanesi (1815-1821). A cura di Mario Scotti", Torino, Loescher-Chiantore, 1963.

en vous Madame l'accord du mérite intellectuel et de la bonté. Quand cet accord ne serait pas attesté par tout le monde on le devinerait en vous voyant. C'est aussi l'avis de notre excellente amie madame la marquise de Saint Thomas.»[2]

Cristina era una delle quattro figlie del marchese Gian Giacomo Trivulzio, uomo colto, studioso di Dante e amico del poeta Vincenzo Monti e della marchesa Beatrice Serbelloni.
Silvio Pellico frequentava a Milano il salotto della Serbelloni Trivulzio e d'estate era spesso ospite della sua splendida villa ad Omate nei pressi del lago di Como.
Proprio ad Omate Pellico si trovava nell'ottobre del 1818 quando si suicidò il suo ex allievo Odoardo Briche e nella biografia del Pellico curata dal padre gesuita Ilario Rinieri è presente una lettera in francese attribuita erroneamente a Cristina Belgioioso Trivulzio (all'epoca Cristina aveva soltanto 8 anni), ma che è ragionevolmente attribuibile proprio alla Serbelloni Trivulzio in cui la nobildonna fa le condoglianze a

---

[2] Pubblicata nell'edizione in francese delle lettere del Pellico uscita di recente con lulu.com.
Traduzione: Signora Il mio compito era quello di presentarvi i miei doveri di persona e sarei stato troppo felice di riempirlo. Signora, io conto sulla vostra indulgenza. Lasciate che vi dica come sono stato toccato dall'amabile visita che voi vi siete degnata di farmi. Se questi grandi caldi non avessero interferito con la mia salute ancora così debole io non avrei mancato di venirvi a ringraziare di persona. Nel mio senso di gratitudine che unisce l'alta considerazione che ho per voi signora che unite assieme merito intellettuale e bontà e un giorno questo accordo sarà attestato da tutto il mondo. Questa è anche la convinzione della nostra eccellente amica, la marchesa di San Tommaso.

Pellico per la morte di Odoardo che sapeva essere a lui particolarmente caro.[3]

Purtroppo non ho trovato lettere del Pellico alla Trivulzio risalenti al periodo 1818-1819, ma è senza dubbio lei la "marchesina Trivulzio d'un cuore tutto schiettezza e soavi sentimenti" di cui Pellico parla in una lettera del 20 agosto 1819, indirizzata all'amico Ferdinando Rossi Di Vandorno.

Pellico era senza dubbio innamorato della Trivulzio, ma la differente condizione sociale e il fatto che lei fosse già promessa al conte Giuseppe Archinto che sposerà per procura nel novembre del 1819 terranno per molti anni lontani i due innamorati di un'estate felice, ma fin troppo breve.

A Cristina sono dedicati alcuni versi contenuti in una cantica, intitolata Le Chiese, in cui il Pellico ricorda una donna che aveva la possibilità di incontrare in una chiesa di Milano: *"E in talun di quegli alberghi santi / Una donna io vedea ch'erami stella; / E a lei movendo i guardi miei tremanti, / S'umiliava mia ragion rubella / Mi parea ch'a me un angiolo davanti / Stesse per me pregando, e allora in quella / Amica del Signor ponendo io speme / "Ah, sì, diceva in ciel vivremo insieme!"*

Nel 1836 in un albergo di Torino, dove alloggiava il conte Giulio Porro, Silvio Pellico incontra la contessa Cristina Archinto Trivulzio, la *"marchesina Trivulzio d'un cuore tutto schiettezza e soavi sentimenti"*, che non vedeva dall'estate del

---

[3] I. Rinieri, "Della vita e delle opere di Silvio Pellico, Primo volume", Torino, Libreria di Renzo Streglio, 1898; La Trivulzio (che si firma semplicemente Triulzi, il che può aver indotto in errore il Rinieri, portando a identificare il mittente di questa lettera con la Belgioioso Trivulzio) scrive che la perdita che ha fatto Pellico è *"d'un genre que toute mère sensible y aurait pris part, mais ce que je puis bien vous assurer mon cher Pellico c'est que ... Ecrivez—moi. donnez-moi de vos nouvelles et ne doutez jamais de ma plus parfaite estime et sincère amitié. Trivulzi."*

1819 e confida in una lettera indirizzata al conte Luigi Porro (padre di Giulio): "*Qui nello stesso albergo ov'è Giulio sono gli Archinto e jeri ho riveduto la contessa Cristina ch'è sempre buona, schietta e naturale come quando era ragazza. Ed essa non è di que' Milanesi che hanno paura di dispiacere all'Austria se mi vedono. Debbo pur dire che di que' paurosi ve ne sono pochi. Infinite sono le dimostrazioni di stima che apertamente mi si fanno dagli antichi conoscenti.*"

Silvio Pellico sa tuttavia che Cristina è una donna sposata e che il rapporto con lei non può superare i limiti dell'amicizia, ma, come dimostrano sia i versi della Cantica Le Chiese sia quelli della Cantica Le passioni, vive con un senso di malinconia e di rimpianto questa rinuncia.

Tuttavia non riesce a rinunciare completamente a lei, pur mantenendo il loro rapporto nei limiti dell'amicizia, come dimostra il fatto che in una lettera del 1843 chieda al conte Luigi Porro di salutargli Cristina (solo lei e non il marito). E d'altra parte i versi d'amore scritti da Cristina per i riferimenti che contengono possono essere dedicati solo a Pellico... io credo che questa storia d'amore possa aver avuto in qualche modo un finale parzialmente positivo con Silvio e Cristina che si sono sposati anche se solo civilmente dopo il suo divorzio dal conte Archinto (Cristina aveva come Trivulzio la cittadinanza svizzera o più precisamente del Canton Ticino che le permetteva di divorziare).

All'inizio avevo pensato che Cristina potesse aver ottenuto l'annullamento del suo matrimonio, ma era una procedura più complessa e dalle poche testimonianze dell'epoca risulta che il conte Archinto tenesse a Cristina e quindi difficilmente avrebbe accettato di portare avanti un annullamento che avrebbe richiesto anche il suo consenso e che avrebbe anche comportato l'esposizione di fronte ad un tribunale ecclesiastico di particolari riguardanti la sua vita intima.

Ulteriori ricerche mi hanno permesso di scoprire due lettere di Silvio a Cristina datate rispettivamente 1837 e 1843 conservate ancora oggi nell'archivio Archinto e catalogate di recente, due lettere che assieme a quella del 1847 dimostrano una continuità nel rapporto epistolare tra i due antichi innamorati.

A spostare in avanti la data del probabile matrimonio civile tra Cristina e Silvio c'è inoltre una lettera del frate cappuccino padre Massaja che era stato padre spirituale di Silvio Pellico negli anni '40 dell'800 prima di essere inviato nel 1846 come missionario in Etiopia da cui ritornerà per un breve periodo, nel marzo del 1850 Massaja riparte dall'Africa e nell'estate è a Marsiglia dove riceve una lettera o forse anche più di una del Pellico che gli era rimasto molto affezionato. Il Massaja risponde e assicura a Silvio e alla sua consorte le proprie preghiere, ma si mostra anche preoccupato per la scelta di Silvio.

La lettera non è molto lunga e merita di essere riportata perché è affettuosa, ma anche decisa nei toni: *"Ho appreso con profondo dispiacere che avete interrotto il cammino di formazione per divenire terziario francescano intrapreso quando io ero ancora a Torino. Io vi ricordo ogni giorno nelle mie preghiere e d'ora in poi pregherò anche per la vostra consorte che mi scrivete essere una donna dall'animo generoso e sincero. Tuttavia non posso approvare la vostra decisione di unirvi in matrimonio con una donna divorziata e, se fossi stato ancora il vostro padre spirituale, avrei cercato di dissuadervi da una simile scelta. Posso comprendere però che un temperamento sensibile come il vostro non sia rimasto indifferente di fronte al fatto che vostra moglie si è sposata per*

la prima volta quand'era ancora molto giovane, persuasa più dalle pressioni dei familiari che da un'intima convinzione. I miei impegni pastorali non mi permettono di scrivervi a lungo come vorrei, ma sappiate che siete spesso presente nei miei pensieri assieme ad altre care persone conosciute durante la mia permanenza a Torino, tra cui non posso non annoverare anche l'egregia marchesa Di Barolo a cui vi prego di porgere i miei più affettuosi saluti.
Vostro affezionatissimo padre Guglielmo Massaja"

L'attrice Adelaide Ristori nella Francesca da Rimini del Pellico in una litografia del 1855: le ispiratrici del personaggio di Francesca sono state probabilmente Emilia

Vignali Briche, madre di Odoardo il bambino di cui è Pellico
è stato precettore prima di entrare a lavorare in casa del
conte Porro) e Carlotta Marchionni, all'epoca giovane attrice
e amante del suo amico Ludovico Di Breme. Pellico ha
vissuto spesso nella sua vita amori impossibili come quello tra
Paolo e Francesca.

Tornato nel 1830 dalla prigionia a Torino e agli affetti familiari Silvio Pellico conoscerà tra gli amici del fratello minore Francesco, allora sacerdote diocesano, un giovane prete di idee liberali, Vincenzo Gioberti, che, tuttavia, perderà di vista tre anni dopo, quando Gioberti verrà arrestato, rilasciato dopo una breve detenzione e costretto quindi all'esilio.

Nel frattempo, Gioberti, dopo un soggiorno a Parigi, andrà ad insegnare all'istituto Gaggia di Bruxelles, mentre il fratello di Silvio entrerà nell'ordine dei Gesuiti, una scelta che verrà criticata negli ambienti cattolici torinesi, dove i Gesuiti venivano considerati come gli esponenti più visibili ed autorevoli, ma anche più rigidi delle posizioni cattoliche di stampo conservatore.

Nel 1843 questo silenzio e questa distanza verranno interrotti dalla dedica che Gioberti farà del suo "Primato" proprio a Pellico, una dedica, che esprime una notevole ammirazione per l'uomo e per lo scrittore, una lode, quasi "eccessiva" che finirà per esporre e direi quasi mettere in imbarazzo un uomo in fondo timido e riservato come il Pellico, dedito in quel periodo più alle opere di beneficenza che alla scrittura, come segretario e collaboratore della marchesa Giulia Falletti di Barolo.

16

Da questa dedica nascerà il rapporto epistolare, testimoniato dalle lettere che riporto nella mia edizione, un rapporto fatto di affetto e stima reciproche che, però, verranno meno, quando Pellico prenderà le distanze da Gioberti, inviando una lettera ad un periodico cattolico francese, in cui dichiarerà di non condividere le note polemiche, apposte da Gioberti alla seconda ed. del suo "Primato".

Da questa sconfessione pubblica si interromperanno anche l'amicizia e lo scambio epistolare, negli anni seguenti i due scrittori parleranno l'uno dell'altro solo ad altri amici, tirando fuori in un certo senso il peggio di se stessi, Pellico, infatti, accuserà Gioberti di essere una persona troppo d'impeto, incapace di riflettere sulle conseguenze delle proprie prese di posizione, mentre Gioberti accuserà Pellico di essere un uomo debole di carattere, condizionato dai Gesuiti e dalla marchesa di Barolo.

La polemica si trascinerà per diversi mesi ed è al di là delle differenti idee di Pellico e Gioberti e anche del loro diverso temperamento un segno dei contrasti presenti in quel periodo all'interno degli ambienti cattolici torinesi, come dimostra il coinvolgimento nella vicenda non solo di diversi padri gesuiti piemontesi (come il p. Taparelli e lo stesso p. Francesco Pellico), ma anche del conte Cesare Balbo, dell'abate e scrittore Goffredo Casalis e del sacerdote di idee liberali Gian Gioseffo Boglino appartenente all'ordine dei Filippini e amico di vecchia data sia di Pellico sia di Gioberti che tuttavia si schiererà a favore di quest'ultimo, ritenendo Pellico trascinato in buona fede dall'affetto nei confronti del fratello Francesco non solo a difesa di un ordine dal comportamento "discutibile" come quello dei Gesuiti, ma anche dell'ala cattolica più conservatrice e vicina ad un papa di idee non certo liberali come Gregorio XVI che sedeva in quel momento sul soglio pontificio.

La città di Chieri (dove viveva Luigi Pellico, fratello di Silvio) in una cartolina antica.

1.POESIE D'OCCASIONE (Torino, 1842-1843)

"Finita questa lieta offerta madamigella di Pollone declamò la quinta strofa d'un Ode di Silvio Pellico che si porrà qui appresso e poscia avanzatesi le damigelle Gazzelli di Rossana e Martin di S. Martino la prima offerì sopra un cuscino di velluto turchino ricamato in oro due esemplari delle poesie scritte per queste auspicatissime nozze dai celebri Silvio Pellico e cav. Felice Romani la seconda sopra un cuscino di velluto bianco la Descrizione di Torino del sig cav Davide Bertolotti." (da "Le feste torinesi dell'aprile 1842" a cura di Luigi Cibrario).

"Poche vite sono così belle e in tanta varietà di fortuna così concordi, come la tua. Tu provasti gli estremi casi della lieta sorte e dell'avversa, ma in tal vicenda serbasti intatta e

19

costante la bontà dell'animo, la moderazione degli affetti e la generosità dei sentimenti." (Una parte della dedica di Gioberti a Pellico in apertura del suo Primato pubblicato a Bruxelles nel 1843).

"Mon talent est faible mais j'aime la poésie; elle embellit encore quelquefois mes heures solitaires. » (S.Pellico, lettera a Victor Meri De La Canorgue che aveva tradotto la sua Francesca da Rimini rielaborandone con il consenso del Pellico alcune parti)[4]

Per cinque anni Silvio non aveva pubblicato più nulla. La morte di entrambi i genitori a cui era molto legato, ma anche del fratello Luigi che era sempre stato il suo primo amico e confidente lo avevano portato a chiudersi nel silenzio. Nel momento in cui Luigi si era ritirato a Chieri per occuparsi di una piccola proprietà di famiglia e aveva messo da parte per sempre le sue ambizioni di scrittore, anche Silvio sembrava aver rinunciato a sottoporre al lettore gli inediti che si andavano accumulando tra le sue carte.

Aveva fatto una prima eccezione l'anno prima, concedendo alcuni versi per una Strenna alla poetessa Angelica Palli Bartolomei[5] che conosceva appena, ma quella richiesta gli era

---

[4] Traduzione: *Il mio talento è piccolo (limitato), ma io amo la poesia, ella abbellisce ancora qualche volta le mie ore solitarie.*

[5] Angelica Palli era una poetessa di origine greca che era fuggita da casa per sposare l'uomo che amava perché i suoi genitori si opponevano al matrimonio in quanto lei era ortodossa e lui cattolico. La sua storia è molto romantica e sembra inserirsi perfettamente nel clima delle ribellioni politiche e sociali del Risorgimento. Non ho rintracciato lettere del Pellico indirizzate a lei, ma non è da escludere che si conoscessero visto che la Palli ha vissuto per diversi anni a Torino e che Pellico in una lettera a Pietro Giuria la chiama per nome.

arrivata attraverso Pietro Giuria un giovane scrittore di Savona che aveva vissuto per un periodo a Torino e con cui era entrato in una certa confidenza, perciò non se l'era sentita di dire di no. Ed era stato alla fine come arrendersi all'evidenza: non amava più la poesia con la passione di venti o trent'anni prima, ma non se ne sarebbe mai distaccato del tutto, era come una necessità interiore che lo spingeva ad affidare ancora sentimenti e riflessioni ad un foglio, anche se spesso finiva per non far giungere quei suoi figli letterari minori fino alla pubblicazione, ma a riportarlo quasi a forza fuori dal silenzio non era stata tanto la sua poesia per le nozze del futuro re Vittorio Emanuele II quanto la dedica fin troppo impegnativa che Gioberti gli aveva riservato nel suo "Primato."

Proprio in quel periodo aveva fatto visita a Silvio lo scrittore Pietro Borsieri un suo vecchio amico degli anni milanesi che tra il 1818 e il 1819 aveva condiviso con lui l'esperienza faticosa ed esaltante della rivista "Il Conciliatore".

Quando anche Pietro aveva menzionato la dedica di Gioberti, Silvio gli aveva risposto: "Per favore, non ti ci mettere anche tu, ad essere obiettivi, quella dedica è non solo troppo generosa, ma anche troppo impegnativa per una persona come me che, dopo tante discussioni intorno ai suoi libri, ora vorrebbe solo un po' di pace e di serenità."

"Ma tu, anche se fisicamente hai le spalle piccole, moralmente le hai grandi come dimostra il fatto che in passato sei riuscito a sostenere dei pesi non da poco, dai debiti delle tua famiglia fino alle sofferenze del carcere."

"Lo so, ma ho compiuto da poco cinquanta quattro anni e comincio ad essere stanco."

Appena aveva finito di parlare, Silvio era stato colto da una violenta crisi di tosse che aveva preoccupato l'amico: Pietro, si era ricordato, infatti, dei numerosi problemi di salute che Silvio aveva sofferto durante la prigionia e soprattutto della diagnosi di tisi, adombrata dal medico dal carcere.

Per rassicurare se stesso e sperare che Silvio non avrebbe fatto la stessa fine di Ludovico Di Breme, morto ancora giovane di tisi poco tempo dopo la chiusura della rivista "Il Conciliatore", Pietro si era detto: "Ma no, non può essere, se Silvio fosse davvero malato di tisi, la Barolo non lo terrebbe vicino ai bambini delle sale d'asilo."

Carlotta Marchionni in un ritratto
del pittore fiorentino Giuseppe Bezzuoli.

2. CARLOTTA E TERESA MARCHIONNI (Torino, 1843)

"Un giorno poi – ma non so quando - porrò mente a dare un po' di lima a miei componimenti tragici e ad altri e vedrò di fare un edizione d'ogni cosa. Ma per questo avrei d'uopo di salute. Il più de giorni non posso scrivere nulla e stento a fiatare e così trascorrono per me settimane e mesi. Tu Carlotta e la buona Gegia teco ambe sì benevole al vostro Pellico dite a favor mio qualche santa parola al Signore perché almeno mi conceda di patire con animo paziente e forte, vi saluto l'una e l'altra con que' sentimenti indelebili di stima e d'amicizia che mi conoscete. (Silvio Pellico, lettera a Carlotta Marchionni dell'8 dicembre 1843, pubblicata in Rivista contemporanea del 1854 e poi ripubblicata nell'epistolario pellichiano del 1856).

"Sur ses vieux jours, lorsqu'il se rappellera cette passion du jeune âge, Silvio Pellico pourra dire en parlant de la Gegia ce qu'il dit dans ses Prisons en parlant de la Zanze: «Dieu soit loué! je puis y penser sans remords.» (citazione tratta dalla Revue contemporaine del 1854).[6]

A Torino vivevano da una ventina d'anni Carlotta e Teresa Marchionni, cugine tra loro, attrice tragica la prima, cantante di vaudeville la seconda. Carlotta era stata dal 1823 al 1840 la prima attrice della Compagnia Reale Sarda, ma per motivi di salute si era improvvisamente ritirata dalle scene. In realtà non

---

[6] Traduzione: *Nella vecchiaia, quando si ricorderà di questa passione della sua giovinezza, (Pellico) potrà dire parlando di Gegia ciò che ha detto nelle Mie prigioni parlando della Zanze: Dio sia lodato del fatto che posso pensare a lei senza alcun rimorso!*

23

era stata solo la salute a influire su quella scelta: Carlotta aveva iniziato, infatti, a recitare a 14 anni e aveva interpretato tutte le commedie e tragedie più famose ed apprezzate dal pubblico, dai classici come Alfieri e Goldoni fino ai contemporanei come a Niccolini, Pellico, Nota e Brofferio che per un certo periodo si era mormorato a Torino le avesse proposto di sposarla, ma nel cuore di Carlotta c'era un altro amore, di cui nessuno a Torino era a conoscenza, Rodolfo Vantini, apprezzato architetto bresciano che, però, da quando era rimasto vedovo non sapeva decidersi a legarsi di nuovo in modo stabile e così, tra pene d'amore e tournée teatrali sempre più impegnative, Carlotta aveva iniziato a soffrire di ansia ogni volta che si apprestava a salire sul palcoscenico.

Per cercare di calmarsi provava a isolarsi da ciò che la circondava e anche a fare quegli esercizi di respirazione che aveva imparato dalla madre, Elisabetta Baldesi che era stata a sua volta un'apprezzata attrice, ma, proprio quando le sembrava di riuscita a tenerla a bada, l'ansia riemergeva più forte di prima tanto da essere arrivata ad avere paura di dimenticare le battute durante una rappresentazione o di svenire di fronte al pubblico (proprio lei che da giovane aveva voluto eliminare il suggeritore per non dare l'idea che gli attori stessero a prendere le imbeccate dall'esterno ora non solo in certi momenti ne avrebbe desiderato uno, ma avrebbe proprio voluto che ci fosse qualcun altro al suo posto a sopportare gli sguardi e le aspettative del pubblico).

Per questo, anche se era legatissima a sua cugina, le aveva consigliato di non rinunciare anche questa volta alla sua carriera come aveva fatto spesso in passato, ma di accettare un ruolo nella compagnia di suo fratello Luigi autore di commedie di successo e traduttore di testi di autori stranieri per le scene italiane e così Teresa aveva riscosso gli applausi del pubblico *nell'Americana condannata al rogo.*[7]

L'attrice Carlotta Marchionni in una stampa dell'800.

3.UN AMORE DIFFICILE DA DIMENTICARE (Pecetto-Torino, 1842-1843)

"Ella domina tutto il mio pensiero. Io non deliro che Gegia." **(Silvio Pellico, biglietto a Piero Maroncelli dell'estate 1820 pubblicato in A. Luzio, Il processo Pellico-Maroncelli)**

---

[7] Il manifesto originale del 1827 della rappresentazione bolognese: http://badigit.comune.bologna.it/spettacoli/dettaglio.asp?lettera=213

*"Fra gli strati del tempo depositati sulla Collina c'è anche Silvio **Pellico** che corteggia timidamente la **Gegia**, la quale «lo avrebbe messo a soqquadro con un sì, vento troppo forte per la sua candela»* (citazione tratta da Microcosmi di Claudio Magris)

"Negli anni successivi alla lunga carcerazione, mentre era ospite a Torino dei marchesi di Barolo, continuò a vedere spesso le due cugine Marchionni. Esse soggiornavano, nei mesi estivi, sulla collina di Pecetto, il Pellico andava a far loro visita, percorrendo con fatica, date le sue condizioni di salute, la polverosa stradina che lo portava dall'abitazione dei Barolo sopra Moncalieri, alla Villa Pallavicini, dove Gegia e Carlotta abitavano..." (citazione tratta dal libro Adelaide Ristori, la marchesa del Grillo, un'attrice del Risorgimento).

Carlotta e Teresa vedevano ogni tanto Silvio che non dimenticava di dovere a Carlotta il buon successo di tante sue tragedie da *Francesca* a *Gismonda*, ma entrambe sapevano che non era solo questo che spingeva Silvio fino a casa loro oppure nel salotto della baronessa Savio.

Come attrice, Carlotta, era abituata a studiare i caratteri dei personaggi che interpretava, ma anche di conseguenza delle persone che frequentava e così aveva intuito che Silvio era ancora innamorato di Teresa e che, anche se aveva rinunciato a lei, non riusciva a dimenticarla del tutto.

A volte lo vedeva essere sul punto, quando le baciava la mano per salutarla, di dirle qualcosa in più, ma, poi, per paura di essere rifiutato di nuovo da Teresa, ma anche nel timore di dare un dispiacere ai propri familiari, lo vedeva desistere, come se non avesse più la forza di lottare per quell'amore come prima dell'arresto.

Una sera, però, i suoi sentimenti erano stati più forti dei suoi scrupoli e così aveva confidato a Teresa: "C'è una cosa che da tanto tempo vorrei dirti, ma mi è sempre mancato il coraggio di farlo: quando sono uscito dal carcere, ho rinunciato a te perché avevo già dato tante preoccupazioni e tanti dispiaceri ai miei genitori e non volevo dargliene un altro, facendo un matrimonio che loro non avrebbero accettato, ma i miei sentimenti nei tuoi confronti non sono mai cambiati."

"Tu lo sai che io ti voglio bene, ma non ti amo."

"Quando ero giovane, avrei voluto che tu mi amassi con la stessa intensità con cui ti amavo io, ma, alla mia età e nelle mie condizioni di salute, mi basterebbe anche il tuo sincero affetto."

"Mi dispiace, ma io sono innamorata di un'altra persona."

"Allora dimentica quello che ti ho appena detto e conservami la tua amicizia. Io ti prometto che in futuro non ti chiederò nient'altro."

Durante l'inverno Silvio era stato male e così, quando aveva saputo che si era ripreso e aveva potuto incontrarlo di nuovo nel salotto della baronessa Olimpia Savio, Teresa gli aveva chiesto: "Lo pensi ancora quello che mi hai confidato qualche mese fa?"

"Certo, ma quel giorno ti promisi che non t'avrei più parlato d'amore e tu sai che io mantengo le promesse."

"Se vuoi, io sono disposta a sposarti. Mi dispiace pensare che l'inverno passato potevi morire da solo."

"Ma io non sono solo, ho mia sorella Giuseppina, la marchesa Di Barolo, alcuni cari amici."

"Non è la stessa cosa."

"Tu mi sposeresti non per amore, ma per compassione e non è questo che io desidero, né potrei vivere accanto ad una donna, sapendo che è innamorata di un altro e che mi ha scelto solo perché pensa che mi resti poco da vivere."

"Le cose non stanno così, tu sai che io ti stimo e ti voglio bene."

"Certo, ma ti stancheresti a farmi da infermiera e io mi sentirei in colpa a tenere chiusa in casa ad assistermi una donna abituata a viaggiare come te. Se tu mi amassi, sarebbe diverso, ma tu purtroppo non mi ami e tutto questo sarebbe per te soltanto un sacrificio."

"La verità è che tu da una parte desideri sposarmi, mentre dall'altra hai una gran paura di farlo perché temi che io mi possa stancare di te e ti possa lasciare solo, e un conto è essere soli perché lo si è scelto, un altro è esserlo perché si è stati lasciati dalla donna amata!"

"Simile ad un amante maltrattato dalla sua bella, e dignitosamente risoluto di tenerle broncio, lascio la politica ov'ella sta." **(S. Pellico, *Le mie prigioni*, 1832, i biografi del Pellico intendono in senso letterale questa citazione, ma oltre alla delusione politica e alla necessità di tenersi su un tono moderato per far sì che il libro passasse la severa censura piemontese secondo me in questa frase c'è anche un'esperienza più intima dell'autore che era stato spesso maltrattato dalla su Gegia perché troppo timido e sentimentale).**

"Colpito e affondato!" Aveva commentato l'attrice Carlotta Marchionni con sua cugina, dopo aver sentito le ultime parole della discussione di Gegia con Silvio.

"Mi dispiace d'essere stata così dura con lui, ma in fondo gli ho soltanto detto la verità!"

"Sì, ma mettiti anche nei suoi panni: è tornato dal carcere, malato e senza un lavoro, come avrebbe potuto rinnovarti allora la sua richiesta di matrimonio? Senza contare che all'epoca viveva coi genitori a cui aveva già molto da farsi perdonare per tutto quello che avevano sofferto, mentre era in carcere. E, adesso che i genitori sono morti e lavora dalla Barolo, giustamente teme che tutte le gazzette lo farebbero a pezzi se ti sposasse scrivendo che il bibliotecario di una pia donna come la marchesa ha sposato un'attrice!"

"Per fortuna, non sono innamorata di lui perché se fossi stata innamorata di un uomo che aveva tutti questi dubbi e questi scrupoli mi sarebbe venuta la voglia di prenderlo a schiaffi!"

Silvio ormai avanti negli anni nel suo studio a palazzo Barolo (anche se questo quadro è stato realizzato dopo la morte del Pellico è probabile che il pittore si sia ispirato a litografie e ritratti già esistenti. Del Pellico esiste inoltre una foto o per la precisione un dagherrotipo scattata intorno al 1841-1842)

4. UNA LETTERA DALL'INGHILTERRA (Londra-Torino, 1844)

"TURIN, 21 AOUT 44: VOUS VOULEZ BIEN PERMETTRE à UN DES ADMIRATEURS DE VOTRE NOBLE TALENT POéTIQUE DE VOUS FAIRE SES COMPLIMENTS LES PLUS SINCèRES APRèS AVOIR LU VOTRE MELCHA... LE DRAME EST CONDUIT AVEC UN ART ADMIRABLE; IL Y A DES SCENES RAVISSANTES... IL Y A DE LA TéMéRITé DE MA PART, MADEMOISELLE, à OSER VOUS ENVOYER MON HUMBLE APPLAUDISSEMENT: JE SUIS UN PEU POèTE, LE BEAU M'EXALTE."[8]

Era da tempo che Silvio non sentiva Mary Louise Boyle o meglio Maria Luigia per l'abitudine all'epoca degli editori di italianizzare i nomi degli autori stranieri, lasciando nella loro lingua solo il cognome (anche perché tradurre i cognome avrebbe provocato involontari effetti comici anche nei lettori

---

[8]http://www.christies.com/lotfinder/LotDetailsPrintable.aspx?intObjectID=984797
Traduzione: *Voi vorrete ben permettere ad uno degli ammiratori del vostro nobile talento di fare i suoi complimenti più sinceri dopo aver letto il vostro Melcha... Il dramma è condotto con un'arte ammirabile, ci sono delle belle scene... c'è della temerarietà da parte mia, signorina, nell'osare inviarvi il mio modesto plauso: io sono un po' po' un poeta e il bello mi esalta.*

più ingenui) e così aveva ricevuto con piacere la sua ultima opera, un testo teatrale che aveva iniziato a leggere per cortesia e che invece lo aveva preso più di quanto immaginava, tenendolo incollato alle pagine fino a tardi come non gli accadeva più da tempo.

Una volta terminata la lettura, aveva riversato in una lettera a Louise le sue impressioni, senza ricordare cosa era accaduto in passato tra loro, ma solo lodando le capacità letterarie di una donna che in passato lo aveva amato e che Silvio aveva respinto perché gli era sembrato troppo giovane e troppo pronta ad idealizzarlo.

Louise lo aveva trasformato in un Andrea Chenier un po' meno bello e un po' più debole di salute, ma, comunque, eroico martire della libertà e invece Silvio si sentiva ben poco eroico per quello che aveva sofferto in carcere e così aveva accantonato l'idea di sposare Louise, anche se sposare la figlia di un lord avrebbe risolto per sempre la sua situazione economica, ma il timore di un'unione sbilanciata dall'età, dalla differente fede religiosa (Louise era anglicana) e da tante altre piccole sfumature lo avevano portato a prendere una decisione che riteneva giusta, ma chissà se per Louise era stato lo stesso?

Se l'era chiesto vedendo che lei, nonostante avesse una buona dote, aveva ormai superato i trent'anni, ma non si era ancora sposata e aveva dedicato il suo tempo all'attività di giornalista e scrittrice.

Forse era davvero così perché Louise aveva risposto in modo piuttosto distaccato alla sua lettera di elogi come se l'ammirazione letteraria di Silvio non la appagasse, anzi, le facesse soltanto ricordare una delusione che non aveva superato ancora del tutto.

Ora che era più grande e matura le veniva in fondo da sorridere all'idea della fiducia, ma anche della sfrontataggine con cui si era presentata dal suo "eroe" per dirgli che lo amava e che voleva consolarlo per tutto quello che aveva vissuto in carcere: l'amore avrebbe cancellato i brutti ricordi e in più essendo uniti tutti e due dalla passione letteraria si sarebbero aiutati a vicenda leggendo l'uno all'altro i propri scritti.

Le era sembrato un progetto così bello e in fondo realizzabile, come allungare una mano, sfiorare la felicità e poi afferrarla e, invece, si era accorta che quel progetto era soltanto nella sua immaginazione e che poteva anche allungare una mano, ma non avrebbe stretto nulla tra le dita.

La rivolta piemontese del 1821.

5. PROGETTI E VIAGGI (Roma, 1845)

"Né mai voce di strazio

32

Od imprecar furente
Valser tant'odio e infamia
All'austro prepotente,

Come il tuo detto, scevero
Di biasmo e di rancor!
Deh! Per l'immenso gaudio
Che ti concesse Iddio

Quando baciasti reduce
Il dolce suol natio,
Che te, poeta e martire,
Cinse di doppio allor,

Prega che s'abbia termine
Alfine il reo conflitto,
Tra il clerical dominio
E il cittadino diritto;

Prega sovrasti incolume
Sempre la nostra Fé!"

"Silvio Pellico e Le mie prigioni" dal secondo volume delle Poesie di Giannina Milli

«Noble Maroncelli, sublime Pellico. Martyrs de liberté que l'amitié rassemble, A la postérité vos noms iront ensemble.»[9]
Louise Colet dalla raccolta "Fleurs du Midi" del 1836

---

[9] Traduzione: *Nobile Maroncelli, sublime Pellico. Martiri della libertà che l'amicizia ha legato, ai posteri i vostri nomi giungeranno assieme*

"Hai fatto bene a non sposare quell'attrice, sposarla dopo la morte dei nostri genitori sarebbe stato come mancare di rispetto alla loro memoria. E poi ne sarebbe nato un certo scandalo proprio ora che la Barolo si sta dando da fare per l'approvazione dell'ordine religioso da lei fondato assieme al compianto marito."

"Lo so, ma se non ti dispiace preferirei non parlarne. La mia rinuncia era necessaria, ma non credere che non mi sia costata. Rispettare Teresa quando era sposata mi era più semplice, ma, ora che è vedova e che entrambi siamo avanti negli anni e ci saremmo potuti fare un po' di affettuosa compagnia, non è stato facile per me dirle addio per sempre."

Francesco, fratello minore di Silvio, ma anche padre provinciale dei Gesuiti, aveva compreso che tra lui e Silvio ci sarebbero sempre stati argomenti difficili da affrontare e così aveva cambiato completamente argomento e aveva realisticamente descritto a Silvio la situazione dei due istituti della Barolo: "L'istituto di S. Anna somiglia nello scopo e nell'organizzazione a molti istituti già esistenti il che se è un limite dall'altro è anche un fattore che potrebbe facilitarne l'approvazione, ma l'istituto delle Maddalene, formato da ex detenute, suscita delle perplessità in chi dubita che donne simili per quanto pentite e ravvedute possano poi diventare delle buone religiose. La chiesa oggi deve affrontare già tanti scandali e opposizioni che il papa è costretto a essere prudente per cui non credo che sarà così facile per la marchesa Di Barolo ottenere l'approvazione per i suoi due istituti."

Silvio aveva pensato a quante volte nella vita siamo giudicati in base a dei pregiudizi e non in base ai nostri reali comportamenti, ma aveva provato a ribattere al fratello dicendogli: "Comprendo questi dubbi, ma ho conosciuto di persona alcune di queste suore e ti assicuro che grazie alla ritrovata fede religiosa e alla fiducia accordata loro dalla marchesa hanno cambiato non solo vita, ma anche mentalità."

Silvio aveva pensato che il suo compito a Roma (quello di sondare attraverso il fratello e gli altri religiosi con cui poteva entrare in contatto cosa si pensava delle opere della Barolo) era terminato ed ora non gli restava che aspettare l'arrivo della marchesa e nel frattempo compatibilmente con le sue condizioni di salute visitare la città e i suoi monumenti più famosi.

Un pomeriggio era salito sull'altura del Pincio e guardando la città dall'alto si era quasi commosso e così aveva riversato poche ore dopo i propri sentimenti in una poesia.

Alla fine la marchesa era giunta a Roma e grazie alla sua tenacia, ma anche ai suoi appoggi altolocati (era intervenuto persino il re Carlo Alberto per aiutarla) la sospirata approvazione era giunta.

Vincenzo Gioberti in un ritratto del 1845.

6.POLEMICHE E SILENZI (Roma-Torino, 1846)

"Lascio stare che avendo egli un fratello di cui è sviscerassimo e che merita l'amor suo perché buon uomo nella Compagnia non può fare che l'affetto non pregiudichi un pochino alla ragione il che accade più o meno a tutti ma

36

specialmente agli animi teneri e contemperati come quello di Silvio Ma che giudizio può egli portare dei fasti gesuitici? Ha egli fatti gli studi necessari a discorrerne con cognizione di causa Forse l'autore della Francesca si addentrò nelle controversie del Molinismo o dei riti cinesi? E ha squadernati o anche solo aperti i casisti della Compagnia? Io noi credo e mi dorrebbe di essere disingannato. (dall'edizione delle opere di Gioberti curata da Giuseppe Massari).

"Perdonando un torto ricevuto, si può cangiare un nemico in amico." (Silvio Pellico, Dei doveri degli uomini)

Prima di lasciare Roma, Silvio era andato a salutare il fratello che l'aveva colto di sorpresa dicendogli: "Non ti ho mai ringraziato per quello che hai fatto l'anno scorso, so che prendendo le distanze da Gioberti ti sei attirato molte critiche e a Torino si può dire che ormai ti è rimasto solo l'appoggio del conte Balbo."

"Io ho fatto quello che ritenevo giusto fare, il resto non ha molta importanza e poi il conte Balbo oltre ad essere un caro amico è una persona che desidera la libertà dell'Italia senza essere un estremista quindi anche se mi fosse rimasto solo il suo appoggio non avrei di che lamentarmi."

Anche se di fronte al fratello Silvio aveva mostrato di aver preso tutto con distacco ed ironia, non si era dimenticato della mattina in cui il sacerdote di idee liberali Gian Gioseffo Boglino che era un suo amico di vecchia data era entrato nel suo studio a palazzo Barolo e gettando una rivista sul suo scrittoio aveva esclamato: "Dimmi, per favore, che hai scritto questa lettera pubblica a Gioberti solo perché vuoi bene a tuo fratello, ma che in realtà non pensi davvero ciò che hai scritto."

"Mi spieghi perché avrei dovuto scrivere qualcosa di diverso da ciò che penso?"

"Possibile che tu non ti renda conto che il vero problema non è tuo fratello né cosa è davvero l'ordine dei Gesuiti, ma come si comporta da secoli e soprattutto cosa rappresenta in un momento come quello attuale in cui all'interno della Chiesa si stanno scontrando aspirazioni riformatrici e tendenze conservatrici?"

"Io credo che tu stia esagerando la portata di quello che è accaduto."

"No, Silvio, sei tu che, pur essendo in buona fede, non ti rendi conto che qui è in gioco qualcosa di molto importante: la conciliazione tra liberalismo e cattolicesimo. Oggi questa conciliazione è ancora possibile, anche se difficile, ma se le gerarchie ecclesiastiche si arroccassero su posizioni troppo conservatrici e pensassero soltanto a salvaguardare i propri interessi, potrebbe non esserlo più. Tu sei uno scrittore conosciuto anche fuori dai confini dell'Italia e hai una responsabilità in questo senso a cui non puoi sottrarti."

"Non mi pare di essermi mai sottratto alle mie responsabilità."

"Vogliamo fare assieme il conto di quello che hai pubblicato negli ultimi quattro anni? Un paio di componimenti d'occasione, una cantica per il centenario della nascita di Torquato Tasso e due inni religiosi stampati per beneficenza in così poche copie che sono ormai introvabili! La verità è che io avevo ragione di sconsigliarti ad entrare in casa della Barolo. Io lo sapevo già più di dieci anni fa come sarebbe andata a finire! Quella pia donna ti avrebbe tirato di qua e di là per fargli da segretario e tu non avresti avuto più tempo per scrivere. Senza considerare che quanto a idee politiche non si può certo definire una persona aperta!"

"Io credo che stai diventando ingiusto e poco obiettivo nei confronti della Barolo e, se permetti, anche nei miei!"

"Le opere di carità e assistenza della Barolo sono da ammirare, ma da uno scrittore ci si aspetta non che faccia la dama di carità, ma che prenda posizione e sappia anche rischiare in prima persona e Gioberti con i suoi libri sta rischiando più di te perché è un sacerdote e quindi rischia nella sua posizione più di quanto può rischiare un laico come te se anche in buona fede dovesse allontanarsi dalle posizioni ufficiali della Chiesa."

Cristina Archinto Trivulzio in un ritratto del 1824.

7.LA FATA DEL LAGO (Lago di Como-Torino, estate 1847)

"Ed entrambi arrossiano, e la parola / Non proferian d'amore, eppure ignoto / Il mutuo petto più non era." (Silvio Pellico, dalla cantica Tancreda, composta nel 1821 nel carcere di Venezia)

Torino, 22 giugno 1847: "Madame Mon devoir aurait été d'aller vous présenter mes devoirs en personne et j'aurais été trop heureux de le remplir. Madame, Je compte sur votre indulgence. Permettez moi en la réclamant de vous dire encore combien j'ai été touché de l'aimable visite dont vous avez daigné m'honorer. Si ces grandes chaleurs ne nuisaient pas à ma santé toujours si faible je n'aurais pas manqué d aller vous en remercier moi-même. A mon sentiment de reconnaissance se joint celui du haut respect que m'inspire en vous Madame l'accord du mérite intellectuel et de la bonté. Quand cet accord ne serait pas attesté par tout le monde on le devinerait en vous voyant. C'est aussi l'avis de notre excellente amie madame la marquise de Saint Thomas.»[10]

---

[10] Pubblicata nell'edizione in francese delle lettere del Pellico uscita di recente con lulu.com.

Traduzione: Signora Il mio compito era quello di presentarvi i miei doveri di persona e sarei stato troppo felice di riempirlo. Signora, io conto sulla vostra indulgenza. Lasciate che vi dica come sono stato toccato dall'amabile visita che voi vi siete degnata di farmi. Se questi grandi caldi non avessero interferito con la mia salute ancora così debole io non avrei mancato di venirvi a ringraziare di persona. Nel mio senso di gratitudine che unisce l'alta considerazione che ho per voi signora che unite assieme merito intellettuale e bontà e un giorno questo accordo sarà attestato da tutto il mondo. Questa è anche la convinzione della nostra eccellente amica, la marchesa di San Tommaso.

"Avevo avuto l'impressione che il viaggio in carrozza vi avesse affaticato molto e volevo accertarmi che stavate bene."

"Vi ringrazio, è un pensiero davvero gentile da parte vostra."

"Vi dimenticate che ho bisogno della vostra preziosa consulenza per le mie poesie e che per questo vi ho con qualche difficoltà ottenuto in prestito dalla Barolo!"

"Preziosa non so, sincera di certo."

"Vi dispiace se vi sistemo i bottoni della camicia?"

"Perché? Cos'hanno che non va?"

"Nulla, a parte il fatto che per la fretta di rivestirvi, quando ho bussato alla porta della vostra stanza, ne avete saltato uno e avete allacciato di conseguenza sfalsati anche tutti gli altri."

"Stavo andando a riposare e tra poco dovrò slacciarli di nuovo quindi non importa se sono allacciati sfalsati."

In realtà Silvio voleva evitare che le mani di Cristina lo sfiorassero: se lei si fosse messa ad armeggiare con i bottoni della sua camicia, sarebbe stato inevitabile e, anche se Silvio era certo di riuscire a tenere sotto controllo il proprio comportamento, non era altrettanto certo di riuscire a tenere a bada la propria immaginazione.

Cristina che si era accorta, però, del suo turbamento gli aveva detto con un velo di ironia: "Allora vi auguro la buona notte e vi lascio ai vostri bottoni, anche se non avrei mai immaginato che un uomo come voi che ha passato tanti anni in cella con un'altra persona fosse così timido!"

"Allo Spielberg ero in cella con un uomo, non con una donna e per di più si trattava di un caro amico!"

"Anche se era una situazione diversa, non vi dovete sentire lo stesso in imbarazzo perché ero soltanto venuta da voi per accertarmi delle vostre condizioni di salute."

"Io la strinsi al seno, la baciai e piansi con essa." (La frase si legge in nota all'edizione critica de Le mie prigioni curata da Egidio Bellorini, considerando che Pellico dice di essersi sempre comportato nei limiti del rispetto e della correttezza ho immaginato un bacio su una guancia e non qualcosa di più coinvolgente)

Silvio non aveva dimenticato il bacio dato alla Zanze più di vent'anni prima nel caldo afoso della sua cella infestata dalle zanzare ai Piombi di Venezia, quel bacio che la censura aveva tagliato in fase di revisione del suo libro di memorie, anche se si era trattato in fondo di un bacio innocente su una guancia, eppure per poco, Silvio, sfinito dalla tensione degli interrogatori, rassegnato all'impossibilità di sposare Gegia e con l'immaginazione accesa dalla presenza di quell'adolescente fin troppo sveglia non aveva perduto l'autocontrollo e non aveva baciato la Zanze sulla bocca.

Tra il 1814 e il 1820 Silvio aveva vissuto a Milano lontano dalla sua famiglia e, se il compito di precettore dei bambini del conte Porro lo aveva aiutato a tenere un comportamento che fosse di buon esempio come educatore, non sempre, tuttavia, era riuscito a non lasciarsi invischiare in qualche storia d'amore infelice.

E, se più di vent'anni prima in carcere Silvio aveva ironicamente ringraziato le zanzare veneziane, oltre ai suoi scrupoli morali, questa volta aveva finito per ringraziare il moto della carrozza che lo aveva fatto giungere al lago abbastanza provato da poter sostenere la lettura dei versi di Cristina carichi di amore sentimentale e patriottico, senza imprimere un bacio sulle sue labbra morbide e invitanti.

"E questi miei palpiti indegni / Al cor vietar'non saprò dunque io mai?"(Silvio Pellico, *Iginia D'Asti*)

Il giorno dopo, Cristina aveva confidato a Silvio: "Avevo chiesto a mia figlia di raggiungermi al lago, ma mi ha risposto che il marito, avendo letto dei disordini che ci sono stati di recente a Milano, non la lascia partire. Volevo garantire a mia figlia un futuro sereno e, invece, ho commesso con lei lo stesso errore che commisero i miei genitori quasi trent'anni fa, imprigionando Beatrice in un matrimonio combinato.

"Io sono per principio contrario ai matrimoni combinati, ma spero che quello di vostra figlia costituisca un'eccezione e che lei e il marito, conoscendosi, si possano innamorare l'uno dell'altra, come è accaduto al marchese Di Barolo e alla moglie. Il defunto marchese, una volta che la moglie era in Francia e noi eravamo soli a Torino, mi confidò che a vent'anni quando partì per Parigi era piuttosto preoccupato all'idea di incontrare questa Giulietta Colbert di cui tutti gli decantavano le virtù perché pensava che lo facessero solo per rendergli più accettabile il passo che stava per compiere. Quando poi ad un ricevimento a corte Giulia gli venne presentata da Napoleone in persona, si trovò di fronte a due occhi buoni e sinceri che lo colpirono positivamente tanto che quella sera ballarono sempre assieme e il defunto marchese mi raccontò che fu proprio quella sera che iniziò ad innamorarsi di lei."

"Io ho voluto bene a Giuseppe tra i due bambini che abbiamo avuto e la passione condivisa per la musica non posso dire di essere stata male con lui durante i primi anni di matrimonio, ma non l'ho mai amato."

Quella confessione di Cristina per Silvio era stata difficile da ascoltare perché gli aveva ricordato una volta di più che, se loro due si fossero potuti sposare, si sarebbero invece amati e così si era convinto ancora di più che faceva bene a lasciare la villa al lago per tornare a Torino, perché, se Cristina avesse fatto un'altra incursione serale nella sua stanza, avrebbe davvero dovuto fare appello a tutto il suo autocontrollo per non stringerla tra le proprie braccia.

"Il Risorgimento" la rivista dei liberali moderati piemontesi (nel 1848 Pellico firmò un appello per la concessione da parte

del re della costituzione promosso da Cavour e dal suo amico
il conte Cesare Balbo e pubblicato proprio su questa rivista.[11]

8.UNO SCANDALO INATTESO (Torino-Asti, estate/autunno 1847)

"Mi affretto d'informare V. E. R. d'una calunnia la più nera che mai possa immaginarsi a carico del Vescovo di Asti Mr. Artico... reo di sodomia con esso chierico attaccato da mal venereo nelle parti posteriori per i ripetuti atti esercitati da lui..." (da una lettera di monsignor Antonucci nunzio a Torino al cardinale Gizzi segretario di Stato spedita da Torino in data 22 giugno 1847, nel seguito della lettera si spiega che le autorità crearono una commissione che fece delle indagini accurate interrogando anche il chierico vittima della presunta violenza e che la faccenda venne archiviata dopo aver accertato che le accuse erano infondate).

Silvio era tornato a Torino con le dolci immagini del lago ancora vive nell'immaginazione, ma soprattutto si sentiva come chi, uscito indenne da una tempesta, si scopre ad averne nostalgia.

Non immaginava certo che una tempesta molto più grave dei suoi innocenti turbamenti sentimentali per Cristina proprio in quei giorni si era abbattuta sul vescovo di Asti, monsignor Filippo Artico, che era stato per alcuni il suo padre spirituale, prima di essere sostituito dal frate cappuccino padre Guglielmo

Massaja, da cui Silvio si era, però, ben presto dovuto staccare perché Massaja era stato inviato come missionario in Etiopia.

Nei pochi giorni in cui era stato assente lettere e giornali si erano accumulati sopra al suo scrittoio nel suo studio a palazzo Barolo, ma la domestica che si occupava delle sue stanze lo aveva accolto con un rassicurante: "Ho spolverato tutto, ma senza toccare nulla, tranne i giornali. Sto imparando a leggere e mi vado esercitando, ma non ho capito cosa significa sodomia in un articolo che parlava del vescovo di Asti, ho provato a chiederlo al cappellano della marchesa, ma me l'ha spiegato in un modo che io non c'ho capito nulla, non me lo potrebbe dire lei in modo più semplice?"

"Le gazzette non sono una lettura adatta a chi sta ancora imparando a leggere come te, sarebbe meglio se ti esercitassi leggendo qualche libro di devozione o qualche buon romanzo. Comunque la sodomia è una parola che si riferisce a due uomini che hanno un rapporto intimo."

Silvio era ancora convinto che la domestica Ninfa avesse letto una parola per un'altra, anche se gli sembrava strano che una persona della sua cultura e condizione potesse usare una parola difficile come sodomia, purtroppo, quando aveva preso in mano i giornali, aveva scoperto che era tutto reale, fin troppo reale, anche se l'accusa si era rivelata infondata.

L'accusa aveva dato però nel frattempo luogo ad un'indagine e da lì la notizia era arrivata facilmente ai giornali e Silvio temeva che la questione non si sarebbe risolta a breve, ma certo dell'innocenza di una persona che conosceva bene Silvio gli aveva scritto una lettera per dimostrargli la sua solidarietà nella prova che stava affrontando.

Aveva agito con la convinzione che un prelato che conosceva da sette anni e che stimava non avrebbe mai potuto abusare per dei mesi di una persona che era in una posizione di soggezione verso di lui per età e condizione, ma gli era rimasto un fondo minimo di dubbio, non solo perché egli stesso era stato sul punto di abbandonarsi tra le braccia di Cristina durante il soggiorno al lago, ma soprattutto perché un sacerdote suo amico rettore di un collegio militare gli aveva segnalato un episodio simile e Silvio anche se aveva bruciato la lettera che conteneva la descrizione di quell'episodio si era affrettato a consigliargli di rivolgersi direttamente al sovrano pur di far rimuovere in tempi brevi dal suo incarico una persona che se avesse continuato ad insegnare in quel collegio avrebbe prodotto soltanto altri gravi danni.

Villa Trivulzio ad Omate in una stampa dell'800.

9.RIBELLIONE O RASSEGNAZIONE? (Firenze-Torino, primavera/estate 1847)

"Soavemente commoveva a un tempo / Colla bellezza i cuori, e con quel tenue / Vel di malinconia che più celeste / Fea il suo sembiante. (S. Pellico, *Francesca da Rimini*)

"Il giorno che ricevetti la tua cara lettera, veniva amministrato l'Olio Santo alla buona Marchesa di Barolo, assalita da violentissima angioite. Era dessa in uno stato che sembrava prossimo a morte; avea, tre giorni prima, ricevuto il Viatico; i medici non conservavano speranza, inutili erano state dieci cavate di sangue. Incessanti preghiere s'alzavano e queste furono esaudite. L'infiammazione rallentò quando più si tenea per invincibile, tornò la vita nel corpo ormai esanime, tutti i dolori sono scemati, ed ora l'inferma si può con sicurezza dir salva, non ostante un residuo di febbre. In que' dì tanto mesti per me, la tua lettera m'arrivò come una visita pietosa di persona diletta, e ti fui grato di volermi scrivere tu stessa, sebbene afflitta da' tuoi mali." (S. Pellico, lettera a Quirina Mocenni Magiotti del 30 maggio 1847)

Silvio si era trattenuto soltanto pochi giorni al lago perché era preoccupato per le condizioni di salute della marchesa Di Barolo e riteneva che fosse suo dovere non allontanarsi per un periodo troppo lungo da lei.

Pochi mesi prima Giulia era stata gravemente malata e gli era stato anche somministrato il viatico: all'idea di perderla Silvio che le voleva bene e la stimava aveva provato una sensazione di sgomento.

Non era tanto la paura di perdere il suo tranquillo posto di bibliotecario e segretario a palazzo Barolo che l'aveva scosso quanto l'idea di perdere una persona che era diventata un punto di riferimento importante per lui nel corso degli anni.

Oltre a questo lo rattristava il ricordo di Cristina e di quello che si erano detti nei pochi giorni che avevano trascorso assieme.

"Siete bella e triste come i versi delle vostre poesie, ma io purtroppo non posso fare nulla per togliere dai vostri occhi il velo di malinconia che li copre, se non pregare per voi e chiedere a Dio di darvi la pazienza necessaria per sopportare vostro marito."

"Ormai io e Giuseppe conduciamo vite separate, purtroppo Giuseppe sta conducendo una vita al di sopra delle proprie possibilità e, non essendo riuscita ad arginare questa sua tendenza, ho preferito separare i nostri destini. Ho aspettato che i miei figli fossero adulti e poi ho ripreso in mano la mia vita."

Le difficoltà economiche avevano condizionato spesso nel corso degli anni la famiglia di Silvio prima con il fallimento dell'attività commerciale del padre e poi con i debiti contratti da suo fratello Luigi, perciò Silvio sapeva fin troppo bene quanto queste difficoltà potessero rovinare un matrimonio e non se la sentiva di giudicare con severità la scelta di Cristina.

Sua madre era rimasta accanto a suo padre anche nel momento della difficoltà, ma Silvio sapeva che nelle famiglie nobili le donne erano più libere e indipendenti rispetto a quanto accadeva nella piccola borghesia e questo aveva dato probabilmente a Cristina il coraggio di chiedere la separazione dal marito, sapendo anche di poter contare su una propria rendita che Silvio non sapeva a quanto ammontava, ma che, anche se fosse stata modesta, le permetteva di vivere senza dover dipendere dal conte Archinto.

Lo scrittore e patriota Pietro Borsieri (1788-1852)

10. IL TEMPO LENTO DELL'ESILIO (Torino, primavera/estate 1848)

"Ho dovuto spedire in tutta fretta Renaldi a Chambéry per ritirare il mio figlio Ainardo che ha dovuto lasciare in tutta fretta egli pure il Collegio dei Gesuiti. Qui quei poveri padri furono crudelmente e villanamente maltrattati e malmenati, e sono stati espulsi come se fossero assassini. Io ne ho provato un gran dispiacere ed indignazione. Anche le monache del Sacro Cuore sono state minacciate e maltrattate, ho dovuto ritirare in precipizio mia figlia educanda da loro. Nei rivolgimenti politici queste prepotenze ed ingiustizie sono

cose molto lacrimevoli; quando mai gli uomini impareranno a rispettare la giustizia?"
(Lettera del marchese Gustavo Di Cavour ad Antonio Rosmini del marzo 1848 tratta da:
http://www.rosmini.it/Resource/CentroStudi/Carteggio%20Cav our%20Rosmini%2002.pdf)

"Mentre più ferveva il combattimento, alcune guardie di confine insieme ai varj cittadini furono posti dal Dal Bono alla difesa degli orti che stanno a sinistra della Passione. Il coraggioso Luigi Archinto era in questo sito tra i primi, e dopo un lungo alternar di fuoco i Tedeschi dovettero allontanarsi dalla loro posizione, per cui gli abitanti di quelle case, che già da tre giorni mancavano di ogni alimento, furono veduti correre verso i loro liberatori."
(Da Luigi Tettoni, "Cronaca della rivoluzione di Milano", scaricato da:
http://www.abruzzoinmostra.it/letteratura/tettoni_01/PAG E0089.HTM

La rivoluzione milanese del 1848 era arrivata per Silvio come una tempesta inattesa. Anche a Torino erano scoppiati in primavera dei disordini e a Silvio quel clima di agitazione e di violenza non piaceva. Gli sembrava che, quando la storia accelera, le persone perdono moderazione e lucidità nelle scelte e corrono il rischio più che in tempi normali di commettere errori o leggerezze.
Tutti i suoi vecchi amici avevano partecipato alla cacciata degli Austriaci: una città intera che per anni in fondo era stata, tranne

pochi eccezioni, quasi indifferente ad un dominio straniero, si era sollevata e in cinque memorabili giornate aveva cacciato gli Austriaci, ma Silvio a sessant'anni aveva abbastanza esperienza da capire che senza appoggi internazionali quella situazione non poteva durare a lungo e così ad agosto del 1848 appena cinque mesi dopo la rivoluzione gli Austriaci erano rientrati a Milano e in molti erano fuggiti a Torino o si erano rifugiati in Svizzera.

Non era stato difficile così scoprire per Silvio che la "sua" Cristina si era rifugiata con il figlio in Svizzera.

Lo scrittore Pietro Borsieri aveva cercato di rassicurare Silvio, ma in realtà era più preoccupato di lui per una delle sue sorelle che, pur di non vedere gli Austriaci rientrare trionfanti in città, era fuggita anche lei in Svizzera e non gli dava da settimane sue notizie.

"La Archinto o forse dovrei dire la Trivulzio, visto che è separata dal marito, è cittadina svizzera come quell'uragano della cugina che è fuggita anche lei talmente in fretta da Milano che dicono in pochi giorni sia arrivata dritta, dritta a Parigi."

"Allora perché Cristina non è andata con lei? Oppure non ha seguito sua cugina Marianna Trivulzio che è venuta coi figli qui a Torino?"

"Non riesco a stare nella testa delle mie sorelle, posso stare in quella della Trivulzio? Vedrai che tra qualche settimana ricomparirà a Torino assieme al figlio. Una volta l'Archinto padre era di idee liberali poi dopo il 1821 le sue idee sono mutate e ora il figlio secondo me ha più paura del padre che degli Austriaci. Per questo se n'è fuggito fino in Svizzera protetto dalle gonne della tua Cristina!"

"Il figlio di Cristina non lo conosco né di persona né per lettera, tu lo conosci?"

"Anche io non lo conosco bene, però, durante la rivolta del marzo scorso so che ha combattuto con coraggio nella zona di Porta Tosa e che è poi entrato nel governo provvisorio quindi ha fatto bene a passare il confine al ritorno degli Austriaci. Meglio non correre il rischio di venire arrestati: noi ne sappiamo qualcosa!"

Il tempo scorreva lento perché, nonostante il cambio del primo ministro, la politica piemontese procedeva con progetti a breve termine e Silvio ormai sfiduciato diceva che nell'incertezza del futuro non restava che pregare Dio e sperare in un miglioramento da parte degli uomini che si trovavano ad avere in quel difficile frangente pesanti responsabilità.

"Il tempo dell'esilio è lento e infruttuoso, peggio quasi di quello del carcere, io l'ho sperimentato fin troppo bene nei due anni che ho passato negli Stati Uniti." Aveva ricordato Pietro a Silvio, aggiungendo con un'aria ormai rassegnata: "Non resta dunque che adattarsi all'attesa per me, per Pallavicino, per gli Arconati, persino per la vedova del povero Confalonieri. Allora noi ex prigionieri politici attendevamo l'amnistia che ci avrebbe riportati in Europa e ora attendiamo sempre un'amnistia che ci permetta di passare il confine tra Piemonte e Lombardia senza finire in galera!"

Un ritratto di Costanza Trotti Arconati.

11.UN GELIDO INVERNO (Torino, 1848-1849)

"La natura delle produzioni intellettuali di Pellico, la bontà e il candore dell'anima sua, le sue grandi sventure compongono un tutto che strascina chiunque alberga in seno un fiore di gentilezza ad averlo in pregio (...) La prima impresa che gli italiani dovrebbero compiere sarebbe lo scacciare dal suo seno gli stranieri. Ma si è mai visto agnelli mettere in fuga lupi?"
(Lettera di Giovanni Arrivabene a Giuseppe Massari tratta da:
http://emeroteca.provincia.brindisi.it/Archivio%20Storico

%20Pugliese/1948/1948%20fasc.%201%20articoli/LettereI nediteDiGiovanniArrivabene.pdf)

«Je suis alle ce matin avant l'aube du jour me promener sur les boulevards dans l'espévance d'y trouver Mad. G. mais je n'ai point été heureux. J'achevais le tour de la ville, et c'était, je crois, 8 heures quand èlevant les yeux au ciel pour me plaindre de l'inutilité de ma promenade, je remarquai sur la coupole du Dòme un phénomène qui m'a rempli d'étonnement. C'était trois étoiles et méme quatre, si je ne me trompe, qui étaient descendues du ciel, sans doute pour répandre sur la terre les influences de leur bonté divine. —Je me suis prosterné comme un roi mage, bien décide de les suivre jusqu'à Bethléem, si elles m'appelaient à la connaissance de quelque nouveau mystère.... mais leur lumière était si èblouissante, que je craignis, un istante, comme Moise, d'étre brulé vif par la gràce de Dieu. Elles eurent apparemment pitie de ma faiblesse, car bientót elles s'éloignèrent pour s'approcher du clocher de S. Alexandre, près duquel elles disparurent (nel palazzo Trivulzio).» (S. Pellico, lettera alla marchesa Beatrice Serbelloni Trivulzio, la lettera è stata pubblicata dal Cantù che la data al 1815, ma io credo che vada invece datata al 1819 e che si riferisca non alla prima rappresentazione della Francesca del Pellico, ma alla messa in scena della tragedia che c'era stata nel 1819 e che aveva riscosso un grande successo tanto che Confalonieri si complimentò con il Pellico per l'accoglienza ricevuta dalla sua tragedia e per il fatto che il gusto e la sensibilità del pubblico fossero maturati al punto da poterla apprezzare pienamente, Mad. G. secondo me è Felicia

Giovio di cui il Pellico era innamorato, ma a cui non aveva il coraggio di rivelare i propri sentimenti).

Nonostante le notti insonni e i dolori al petto, Silvio aveva continuato non solo ad uscire la mattina presto per andare a messa, ma anche a fare visita ai suoi amici che si trovavano in esilio a Torino, tanto che una mattina si era presentato da un Pietro Borsieri, ancora assonnato e, chiedendogli scusa per l'orario, gli aveva confidato: "L'aria gelata del mattino è un sollievo per i miei polmoni che a volte sembrano bruciare dal dolore."

Pietro che era nipote di un celebre medico del secolo precedente si era preoccupato di fronte a quell'affermazione e non aveva mancato di consigliare a Silvio di restarsene a casa al calduccio, visto che era gennaio e che Torino d'inverno era una città piuttosto fredda.

Consigliare a Cristina di tornare a Milano per parlare con il marito e cercare di farlo riconciliare con il figlio era costato a Silvio più di quanto era disposto ad ammettere.

Se da un lato ripeteva, infatti, a se stesso che Cristina era una donna sposata e che doveva rinunciare a lei, dall'altro lato l'idea che il marito, anche se vivevano già separati da alcuni anni, potesse in cambio della riconciliazione con il figlio chiedere a Cristina di rinunciare al divorzio e di restare a Milano accanto a lui lo faceva soffrire.

Silvio era stato contrario fin da giovane ai matrimoni combinati, se persino il matrimoni tra due persone che si sono scelte liberamente può fallire per tante ragioni, diceva, infatti, Silvio a se stesso, come possono restare unite nelle difficoltà due persone che altri hanno voluto legare e che tra loro potrebbero avere ben poco in comune come sentimenti e come idee ed essere uniti solo dall'appartenenza alla medesima classe sociale?

Almeno Cristina e il marito erano stati unti dalla passione per la musica e la pittura che aveva fatto della loro casa una delle più ricche ed eleganti di Milano, ma questo non era bastato a colmare né la differenza dei loro caratteri né la diversità dei loro orientamenti politici.

Silvio non aveva dimenticato la contessa Beatrice Serbelloni Trivulzio, madre di Cristina, una donna colta e vivace che teneva a Milano un salotto politico e letterario, animato da Vincenzo Monti ormai alla fine della sua carriera letteraria, ma anche da alcuni giovani scrittori tra cui c'era stato per un periodo lo stesso Silvio.

La contessa Serbelloni Trivulzio aveva quattro figlie, tutte abbastanza graziose, anche se le più affascinanti erano le prime due Cristina e Rosina nate ad un solo anno di distanza, entrambe appassionate di musica e apprezzate suonatrici di arpa.

Non solo Silvio, ma anche Ludovico Di Breme e Pietro Borsieri erano rimasti colpiti da quelle due creature che, quando suonavano l'arpa o il fortepiano nella villa di famiglia al lago, sembravano due ninfe scaturite dalle acque. Non era ancora cambiata del tutto, infatti, la moda dell'epoca napoleonica che prevedeva di indossare in estate abiti leggeri e trasparenti dalla vita alta, senza corsetto e gonne appesantite da sottogonne e imbottiture varie e così le quattro sorelline Trivulzio, ma soprattutto le due maggiori, incantavano con i loro abiti svolazzanti i nobili milanesi che villeggiavano sul lago di Como in attesa di fare un matrimonio adeguato alla propria condizione che le avrebbe sottratte per qualche anno alle galanterie dei corteggiatori finché come la loro vivace e ancora giovanile mammina non si sarebbero stancate dei rispettivi consorti e avrebbero cercato altrove una nuova passione e forse anche un nuovo amore.

Silvio, però, era sempre stato troppo sensibile e trasparente per adattarsi a fare la parte dell'amante di una donna sposata, in questi casi preferiva limitarsi a mantenere il rapporto nei limiti dell'amicizia con la speranza di non trovarsi prigioniero di situazioni che lo avrebbe fatto soffrire troppo.

E così non aveva mai confidato alla marchesina Felicia Giovio di essersi innamorato di lei né l'aveva confidato a Cristina e per tanti anni si era limitato ad amare entrambe in silenzio.

Ora, però, la separazione di Cristina dal marito e la sua permanenza a Torino avevano rimesso tutto in discussione non solo per lui, ma anche per Cristina, il 1849 era iniziato in una situazione di incertezza che li poneva entrambi di fronte a decisioni difficili da prendere.

Il divorzio avrebbe secondo la legge svizzera fatto tornare Cristina una donna libera o almeno lei che non condivideva gli scrupoli morali di Silvio si sarebbe sentita tale e allora come si sarebbe dovuto comportare di fronte ad una donna che con quella scelta dichiarava pubblicamente che il suo matrimonio con il conte Archinto era naufragato?

Dall'altura del Pincio contemplando
Il disco all'occaso astro primiero,
Ammiravam siccome egli toccando
La divina basilica di Piero

Arricchisca di luce i suoi tesori
E con celeste amor s'fermi a cingerla
Di rubini, zaffiri e fulgid'ori.
Io quindi ammutolia;

Ma intesi una più fervida, più pia
Alma esclamar: — "Son quelle
Le due nell'universo opre più belle
Inde materia sublimata adornisi:

Dio per l'uom quella lampa in ciel ponea,
Al suo Signor l'uomo quel tempio ergea.,

Silvio Pellico.

Una poesia composta da Silvio Pellico durante il soggiorno romano del 1845-1846. A Roma più che interessarsi della situazione politica Pellico aveva ammirato i monumenti, i resti archeologici, le chiese come dimostrano anche questi versi.

12.INDIFFERENZA O PERDONO? (Torino, 1849)

"Perché ho contraddetto altre volte a coloro che gliel'imputavano il mio errore tuttavia non so pentirmi di aver combattuto per un vecchio amico mentre lo credevo incolpato a torto. E sono da scusare se ci vollero più anni e replicate esperienze e qualche scottatura sulla mia propria pelle per togliermi d inganno e persuadermi che l'autore della Francesca e il martire di Spilberg ha conchiusa la sua vita politica e letteraria dettando in francese l'apologia dei Gesuiti." **(dall'edizione completa delle Opere di Vincenzo Gioberti)**

"Il n'oublia pas non plus son autre adversaire et ancien ami Silvio Pellico. Il se rendit un jour avec l'abbé Boglino à l'hôtel Barolo pour l'embrasser. Silvio était à la campagne à son retour Boglino le prévint de la visite qu'il lui avait faite avec Gioberti. Pellico resta froid. Ces seuls mots s'échappèrent de ses lèvres. Ces seuls mots s échappèrent de ses lèvres: «Gioberti a renié mon amitié.» Plus tard lorsque Gioberti eut le titre de président du conseil il conçut entre autres projets celui de former un ministère de la bienfaisance publique et c'est à Silvio Pellico qu'il en destinait le portefeuille. Les événements qui le précipitèrent du pouvoir

ne lui permirent point de donner suite à cette idée. Un jour comme je me promenais à Turin avec un ami nous rencontrâmes l'auteur de Mes Prisons c'était au beau temps de la renommée de l'ex professeur de Bruxelles. Je demandai à Pellico son avis sur cet écrivain. «C'est un homme grand et honnête répondit il mais il exagère toujours.» (dalla «Revue contemporaine» del 1854)[12]

Tornato a Torino dopo un esilio durato quasi vent'anni (dopo una breve permanenza in carcere nel 1833 era stato accompagnato ai confini piemontesi e aveva finito per stabilirsi a Bruxelles dove aveva pubblicato tutte le sue opere) Gioberti aveva cercato Silvio a palazzo Barolo, accompagnato dal padre Boglino, ma non aveva potuto parlargli perché Silvio era in campagna con la Barolo.

---

[12] Traduzione: *Gioberti non ha dimenticato un altro suo avversario e vecchio amico Silvio Pellico. Egli va insieme all'abate Boglino a palazzo Barolo per abbracciarlo. Silvio è in campagna, ma al suo ritorno Boglino lo informa della visita che gli ha fatto con Gioberti. Pellico resta freddo. Queste sole parole escono dalle sue labbra: Gioberti ha rinunciato (rinnegato) la mia amicizia. Più tardi quando Gioberti ottenne il titolo di presidente del consiglio tra gli altri suoi progetti concepì quello di un ministero della "beneficenza" pubblica ed è a Pellico che avrebbe destinato questo incarico (portafoglio). Il precipitare degli avvenimenti non gli permise di realizzare questa idea. Un giorno camminando a Torino assieme ad un amico incontrai l'autore delle Mie Prigioni, erano i bei tempi della fama dell'ex professore di Bruxelles. Io domandai a Pellico il suo pensiero su questo scrittore: E' un uomo grande e onesto, mi rispose Pellico, ma esagera sempre.*

L'ex professore di Bruxelles è Gioberti ovviamente che aveva insegnato al Collegio Gaggia di Bruxelles, il giudizio di Pellico corrisponde a quello che lo stesso Pellico scrisse più volte sia al Boglino sia a mons. Filippo Artico su Gioberti.

Boglino sperava che parlandosi di persona e non per lettera si sarebbero riconciliati, ma aveva concluso che erano testardi tutti e due anche se in buona fede.

Testardo, però, lo era anche il padre Boglino a cui era sempre stata a cuore la questione della conciliazione tra liberalismo e cristianesimo, tra fede religiosa e fede nella libertà politica e così aveva provato ad insistere con Silvio: "Hai perdonato ai tuoi carcerieri, possibile che non riesci a perdonare un amico?"

Era certo con quella provocazione di cogliere nel segno, ma Silvio era stato altrettanto sincero, rispondendogli: "Con tutto quello che è accaduto in questi ultimi mesi non so se ne sono capace. Qualche giorno fa hanno rotto un vetro di una delle aule delle sale d'asilo ospitate a palazzo Barolo e lasciato su un muro un insulto irripetibile alla povera marchesa che ha sempre fatto del bene a tutti. Ora capisci perché rimproveravo a Gioberti di incitare alle violenza con i suoi scritti?"

"Quella di Gioberti è enfasi retorica, lo sai anche tu che non approva certo queste violenze."

Alla fine Silvio che aveva sempre somatizzato i dispiaceri non aveva retto alle tensioni degli ultimi mesi ed era crollato. Una sera si era messo a letto con la sensazione di avere caldo e freddo nello stesso tempo. Durante la notte la febbre era salita e la mattina dopo Silvio si era accorto che non ce la faceva ad alzarsi dal letto. In realtà aveva allungato una mano verso il comodino, si era infilato gli occhiali e si era diretto verso la toletta perché voleva almeno rinfrescarsi il viso, ma aveva avuto l'impressione che tutto nella stanza girasse attorno a lui e, così, ricordandosi di quella volta che in carcere era svenuto all'improvviso con il rischio di sbattere la testa sul pavimento della cella, si era arreso ed era tornato a letto.

La febbre alta lo aveva fatto sprofondare nel sonno e lo aveva riportato al passato perché gli aveva fatto sognare il suo amico Piero Maroncelli che gli diceva: "Tira su la coperta che altrimenti prendi freddo e ti torna la tosse come quando eravamo in cella assieme."

"Se sei qui nella mia camera, significa che questa volta per me è davvero finita. Mi dispiace solo di non essermi potuto confessare, ho passato un periodo difficile e non sempre sono riuscito a comprendere e perdonare gli altri."

"Non temere, Silvio, non c'è bisogno che ti confessi perché hai ancora del tempo di fronte a te per sbagliare, rimediare e sbagliare di nuovo come accade a tutti noi."

"Ma io sono stanco e certi giorni mi sento anche molto solo."

"Non è vero che sei solo, la verità è che sei sfiduciato e non ti accorgi che attorno a te ci sono ancora delle persone che ti vogliono bene."

Silvio Pellico in un ritratto del 1845.

13. SVOLTE INATTESE (Torino, 1848-1849)

"Ti ringrazio del vivo affetto che costantemente mi porti e puoi essere sicuro del contraccambio essendo tu uno dei più leali e generosi amici che io abbia conosciuti. Mi piacque il tuo scritto. Il dare ai chierici i diritti politici non mi pare che ammetta dubbio però con una condizione che essi rinunzino ai privilegi. Ma finchè hanno un foro proprio non possono equamente pretendere al giure comune. Facciano dunque spontanea rinunzia di quella prerogativa forense che nei tempi addietro potè star bene ma ripugna agli ordini della civiltà odierna." (V. Gioberti, lettera a Gian Gioseffo Boglino del 28 febbraio 1848, la proposta del Boglino e l'adesione del Gioberti dimostrano che l'abolizione del foro ecclesiastico che verrà approvata nel 1850 con le leggi Siccardi era già in discussione due anni prima ed era sostenuta anche da una parte del clero).

"Abbi cura della tua salute. Io stento a rimettere alquanto in forze la mia, sono stato ammalato il mese scorso e non poco. Siamo in un tempo di tante sventure e pur troppo anche di tante iniquità che talvolta ne ho il cuore oppresso. Indi palpitazioni, insonnia, ec. La mente ha tutta la buona volontà d'essere forte e serena, ma il sangue patisce. Iddio abbia pietà di noi. In esso avremo pace." (S. Pellico, lettera a Gian Gioseffo Boglino del 6 agosto 1849, la lettera è stata pubblicata nell'edizione dell'epistolario del Pellico del 1856, ma è probabilmente incompleta perché termina bruscamente con la frase che io riporto).

"Mi dispiace che tra noi sia andata così, io speravo che la diversità di opinioni non facesse naufragare la nostra amicizia, ma sono disposto a passare sopra a tutto quello che di eccessivo hai scritto su di me: lodi, critiche, supposizioni, tutto."

"Veramente sono io che dovrei passare sopra al fatto che hai sconfessato pubblicamente il mio libro, ma, quando una persona come me torna in patria dopo sedici anni di esilio, è disposta a passare sopra a molte cose che in passato gli hanno tolto la serenità."

"Adesso che hai un incarico importante non ti dimenticare mai della necessaria moderazione, avere un carattere sincero e impetuoso è nello stesso tempo un pregio e un difetto e solo chi conosce i propri limiti riesce a superarli, almeno in parte. Io per esempio sono ostinato me lo dicevano sempre anche i miei genitori che sono in apparenza remissivo, ma in realtà non cedo facilmente."

"Si dice sempre che le acque chete sono le più pericolose, ma meglio una persona testarda di una falsa. Ora però è meglio che vada, non so infatti quanto la Barolo sia felice di avere un rivoluzionario come me sotto il suo tetto oltre al fatto che tu sei ancora malato e non devi affaticarti troppo."

Quando era uscito da palazzo Barolo, Gioberti aveva trovato ad attenderlo il Boglino: "Allora come è andata?"

"Meglio di come pensavo: deve essere che la debolezza dei polmoni aiuta a moderare le parole! Ma perché non sei venuto anche tu?"

"Se due persone devono riconciliarsi, è meglio che siano sole, se c'è un terzo incomodo che interviene, rischia, secondo me, di farli litigare un'altra volta, invece di farli riappacificare!"

"Comunque credo che non sia nelle condizioni di accettare un incarico nel nuovo governo, non gliene ho neanche parlato perché mi sembra ridotto all'ombra di se stesso. Certo sono passati sedici anni dall'ultima volta che l'avevo incontrato di persona, ma non pensavo di trovarlo ridotto così."

Nei giorni seguenti Silvio aveva avuto l'impressione più di una volta che i suoi polmoni non riuscissero più a respirare. I rimedi omeopatici sembravano poco efficaci e quanto ai salassi Silvio li riteneva ancora più inutili e così aveva cercato sia con il medico sia con la Barolo tutte le possibili scuse per evitarli ed entrambi per compassione nei suoi confronti avevano ceduto.

In fondo Silvio aveva ormai sessant'anni ed aveva già sofferto molto a cosa serviva sottoporlo a cure che forse sarebbero state solo dolorose ed inutili?

Per questo, al ritorno da Milano, Cristina lo aveva trovato ancora a letto, ma Silvio che senza gli occhiali non vedeva quasi nulla vedendo un'ombra entrare nella sua camera aveva scambiato Cristina per la Barolo e le aveva detto: "Non dovevate disturbarvi a venire fin qui, io mi sento un po' meglio e spero domani di potermi alzare."

Solo quando Cristina si era chinata su di lui e l'aveva baciato sulla fronte Silvio si era accorto del proprio errore non solo perché da vicino aveva riconosciuto il suo viso, ma anche perché la Barolo non si sarebbe mai permessa una simile confidenza.

*Una versione poco conosciuta
de Il Bacio di Francesco Hayez.*

14.L'AMORE, FINALMENTE... (Milano, 1819-Torino, 1849)

"Nelle case Trivulzio e Porro era il ritrovo di quanto capitasse a Milano di ricco e di illustre; ivi madama de Stael e lo Schlegel che teorizzavano il romanticismo; ivi Byron, Southey, Hobbouse che lo applicavano; e il chimico Davy e il legista Brougham. (...) Nella conversazione del marchese Giacomo Trivulzio, fra altri personaggi, interveniva il maresciallo Bubna, comandante generale dell'esercito in Lombardia, poiché allora non era stabilita la separazione dei nostri dagli stranieri, né la meritava il Bubna, professando lealtà tedesca e i sensi liberali, allora di moda." (Citazione

tratta da C. Cantù, "Il Conciliatore e i carbonari. Episodio", scaricato integralmente da google libri).

«Je cherche quelquefois les endroits les plus sauvages de notre montagne pour m'y coucher sur la mousse et passer des heures entières à rêver je ne sais quoi, peut-être le bonheur.» (Lettera di S. Pellico dell'estate del 1819, secondo me il destinatario della lettera non è la marchesa Beatrice Serbelloni Trivulzio, ma sua figlia Cristina di cui Pellico si era innamorato proprio nell'estate del 1819).[13]

Dopo aver baciato Silvio sulla fronte, Cristina gli aveva detto: "Avete la febbre alta, da quanti giorni state così?"

"Una decina di giorni più o meno."

"Se non potevate scrivermi, perché non mi avete fatto scrivere da qualcuno? Se avessi saputo che eravate malato, sarei tornata prima a Torino."

"Voi eravate andata a Milano per un motivo importante e io non volevo distogliervi dal compito di far riconciliare vostro figlio e vostro marito."

"Purtroppo non sono riuscita a farli ragionare, all'epoca dei miei genitori il generale Bubna veniva nel salotto di Porro, ma anche di mia madre, oggi, invece, sembra che siamo diventati tutti più coerenti, ma anche più estremisti. Basta andare nel salotto della moglie di qualche ufficiale austriaco per essere etichettati come traditori della patria! E basta andare sulle barricate per correre il rischio di essere condannati a morte! Ma

---

[13] Traduzione: *Io cerco qualche volta i luoghi più selvaggi della nostra montagna per sedermi sul muschio e passare delle ore intere a sognare non so bene cosa, forse potrebbe essere questa la felicità.*

sulle barricate c'è andata mezza Milano, voglio proprio vedere adesso come sceglieranno chi punire e chi salvare!"

"Viviamo in tempi difficili da cui non si sa quando riusciremo ad uscire."

"Almeno noi due, però, cerchiamo di restare uniti."

"La vostra amicizia per me è preziosa, lo è stata in passato e lo è ancora di più adesso."

"Ma io vi amo, voi lo sapete. E non posso fingere che i miei sentimenti siano diversi."

"Ho troppa stima e rispetto di voi per trasformarvi nella mia amante."

"Allora, sposiamoci, per la legge svizzera io sono una donna divorziata quindi sono libera, ma voi forse temete che in molti farebbero dell'ironia anche pesante su uno scrittore cattolico che sposa una donna divorziata."

"Non sono le opinioni degli altri che mi preoccupano, ma i dubbi della mia coscienza."

"E, allora, vi prego, confrontatevi con questi dubbi, lottate con loro, se necessario, arrendetevi, se vi sembrano giusti, superateli, se vi sembrano esagerati, ma prendete una decisione perché sono due anni ormai che vi ho confidato i miei sentimenti e non riesco più vivere in questa incertezza."

"Confidava che la mia debolezza di polmoni fosse già tanto rovinosa da sbrigarmi presto." (S. Pellico, Le mie prigioni, la **frase si riferisce al 1822, ma Pellico e anche il medico del carcere si sbagliavano perché a differenza di altri detenuti Pellico sopravvivrà alla prigionia).**

Il giorno dopo, quando era tornata a trovarlo, Silvio non era solo, ma era in compagnia di una donna che Cristina non conosceva e che stava parlando con lui in francese.

Cristina pensava che a causa dei suoi scrupoli morali Silvio permettesse solo a poche persone di entrare nella sua camera e così era rimasta delusa dal suo comportamento, tanto da sentirsi in imbarazzo e da restare in silenzio finché Silvio non era intervenuto dicendo: "Madame Woillez, vi presento la contessa Archinto di Milano."

Cristina non era riuscita a trattenersi e aveva corretto Silvio, dicendo: "Archinto era il mio cognome da sposata, ma ora sono divorziata da mio marito, quindi sono tornata ad essere una marchesina Trivulzio. Mio padre era il marchese Gian Giacomo Trivulzio, forse ne avete sentito parlare per i suoi studi su Dante."

"Sì certo e sono onorata di fare la vostra conoscenza, io sono una scrittrice francese di romanzi per la gioventù di ispirazione cattolica, ma ho anche tradotto una scelte di opere di Silvio e, passando per Torino, non potevo perdere l'occasione di venire a conoscerlo di persona."

Nonostante l'impatto iniziale, Cristina aveva deciso di resistere perché credeva che fuggire con una scusa dalla camera di Silvio avrebbe soltanto peggiorato la sua situazione e in più voleva scoprire se questa madame Woillez fosse solo un'ammiratrice delle qualità letterarie di Silvio o fosse qualcosa in più.

Silvio, però, era stato di poche parole anche a causa delle sue condizioni di salute e così Cristina era rimasta con i suoi dubbi e per cercare di non dare crediti dentro di sé alle ipotesi più smaliziate aveva osservato con tono ironico quando era finalmente rimasta sola con Silvio: "Ti credevo più timido dopo l'episodio dei bottoni al lago."

"Ma io sono timido soprattutto in presenza di due donne graziose e che mi vedono migliore di quel che sono!"

"Non così timido da rinunciare a ricevere nella tua camera da letto una tua traduttrice!"

"Madame Woillez vive a Tours, quindi piuttosto lontano da Torino e mi sarebbe sembrata una scortesia non riceverla."

"Sì, questo è vero, ma poi non puoi lamentarti se ti attribuiscono qualche relazione con scrittrici francesi o inglesi."

"Sono soltanto relazioni di stima e di amicizia, mi conosci da trent'anni e quindi non dovresti dubitare di me."

"Certi giorni purtroppo dubito persino di me stessa e poi non temere non ti giudicherei male, se scoprissi che hai avuto una relazione con Sophie Pannier, come qualcuno sospetta a Parigi."

"Spero che a Parigi si limitino ad attribuirmi la Pannier e non vadano oltre, i critici letterari francesi si sa che suppliscono spesso con l'immaginazione alla scarsità di notizie sugli autori stranieri!"

Cristina sapeva che Sophie era felicemente sposata con il suo secondo marito dopo essere rimasta vedova ancora giovane e così si era detta: "La dolce Sophie è a Parigi, impegnata con il suo secondo marito e abbastanza lontana da Torino per non trovarmela nella camera di Silvio e questa madame Woillez mi sembra innocua, perciò, l'unico vero ostacolo che devo superare sono gli scrupoli morali di Silvio, non l'ombra di qualche ammiratrice!"

71

Parigi in una litografia dell'800.

15.DIVORZIO ALLA FRANCESE (Parigi-Torino, 1836-1839)

«Je ne puis oublier une femme modeste et de talent, l'amie de Silvio Pellico, madame Sophie Pannier, dont l'esprit fin, délicat, et bien fait pour saisir les beautés intimes de la poésie populaire , m'a suggéré plus d'une observation ingénieuse. » *(da Canti popolari della Bretagna a cura di Théodore Claude H. Hersart de la Villemarqué (vicomte), il libro è del 1836, anche se ha avuto diverse ristampe ed è scaricabile integralmente da google libri).*

"Divota e pedante è la metà più del bisogno, disse D'Olbreuse gettando via con isdegno le Prigioni di Silvio Pellico, che gli erano venute in mano." *(Nel romanzo L'ateo, il protagonista maschile getta via proprio il libro di Pellico che tanto aveva invece appassionato la sua fidanzata, il romanzo della*

Pannier venne pubblicato in Italia nel 1838, ma Pellico l'aveva già letto due anni prima in francese e da lì era iniziato il suo scambio epistolare con l'autrice. Una corrispondenza inedita di Silvio Pellico, riguarda le undici lettere francesi del Pellico a Sofia Pannier edite nella Revue Augustinienne del 1907. Di recente sono venute fuori sul mercato antiquario anche due lunghe lettera della Pannier al Pellico scritta rispettivamente nel 1836 e nel 1839)[14]

---

[14] [Silvio PELLICO]. Sophie Pannier, femme de lettres. L.A.S., 12 novembre 1836, à Silvio Pellico, à Turin ; 3 pages et quart in-4, adresse, cachet cire rouge (pet. trou par bris du cachet avec perte de qqs lettres).

Longue et belle lettre de l'auteur de L'Athée. Elle n'avait effectivement pas autorisé la publication de sa lettre : «désormais je ne veux confier à personne les pieuses communications que vous voudrez bien me faire et satisfaite de pouvoir parler de la Jérusalem céleste avec quelqu'un qui en connaît si bien les voies je ferai en sorte que nous ne soyons que deux dans notre correspondance afin que Dieu soit en troisième »... Elle parle longuement de la foi : « ce divin maître qui nous soutient et nous inspire dans le sacrement de l'Eucharistie nous parle encore par les merveilles de la création, par les livres saints, par ses ministres et aussi par ces âmes héroïquement chrétiennes dont les paroles les conseils l'ensemble fortifient ceux qui les aiment.. » testo tratto da :
http://www.auction.fr/FR/vente_livres_autographes/v8779_piasa/l1161885_silvio_pellico_sophie_pannier_femme_de_lettres_12_novembre_1836.html

La Pannier chiarisce che la pubblicazione della lettera in cui Pellico lodava il suo romanzo non era stata autorizzata da lei e quindi in futuro sarà più prudente e non farà leggere ad altri la loro corrispondenza in modo che il discorso sarà limitato a loro due soltanto, al massimo con Dio come testimone.
Probabilmente la Pannier voleva far comprendere a Pellico che teneva alla sua stima e alla sua amicizia in se stesse e non voleva sfruttarle per accrescere la sua fama di scrittrice. In più il termine di amica nell'800 sia in italiano sia in francese aveva un valore ambiguo e poteva essere inteso sia come semplice amica sia come amante.

PELLICO Silvio (Lettre à) — L.A.S. de **Sophie PANNIER**, Mme de LOURDOUEIX, romancière, 4 pp. pleines in-8, datée «*14 Aoust 39*». 240.–
Longue missive à l'écrivain et patriote italien Silvio PELLICO, pour le prier de bien vouloir recevoir Monsieur Duclésieux. Ce jeune homme a raconté dans ses poèmes

Silvio aveva diversi corrispondenti in Francia e in particolare scriveva abbastanza regolarmente al critico letterario e traduttore Antoine De Latour che aveva curato la prima edizione francese de "Le mie prigioni", ma anche alla romanziera Sophie Pannier di cui apprezzava la capacità di affrontare tematiche etiche e religiose attraverso la forma del romanzo.

In particolare Silvio si era riconosciuto in uno dei personaggi di un libro della Pannier che ritrovava la fede religiosa grazie all'amore per una donna, quel libro, però, in Francia era sembrato a molti troppo intimista e moralistico e così il giudizio positivo di Silvio era rimasto abbastanza isolato e qualcuno su una rivista francese aveva ironicamente definito Sophie che allora era vedova "l'amica di Silvio Pellico".

Nel frattempo, Sophie si era risposata col caporedattore di una rivista parigina, ma la sua corrispondenza con Pellico era continuata anche se si sentivano meno di frequente rispetto al passato.

Grazie a questi contatti, ma anche grazie al fatto che era abbonato ad alcune riviste francesi, Silvio aveva seguito il dibattito che c'era stato in Francia nel 1848 sulla possibile reintroduzione del divorzio.

---

les égarements et les souffrances d'une passion coupable qui l'a conduit à la folie d'où l'a tiré le dévouement sublime d'une épouse compréhensive : «*...Veuillez l'autoriser à vous aller consulter; il est riche; sa famille désire qu'il prenne quelque distraction et qui mieux que Silvio Pellico peut lui apprendre à supporter avec calme et douceur les pénibles épreuves de cette vie ? Dites un mot et... mon jeune auteur ira vous trouver, prêt à brûler son manuscrit si vous le condamnez, à le corriger si vous l'approuvez, à l'imprimer si vous croyez qu'il puisse contribuer à la gloire de Dieu...*»
Testo tratto da :
http://www.autographe.org/catalogues/CAT46.pdf

La Francia era stata la prima nazione a introdurre, dopo la rivoluzione del 1789, non solo il matrimonio civile, ma anche il divorzio.

Abolito il divorzio nel 1816, nel pieno del clima della restaurazione, era stato ora riproposto dal primo ministro un progetto di legge per reintrodurlo e il dibattito si era scatenato tra laici e cattolici, ma non solo, fino ad un intervento del papa Pio IX che aveva osteggiato il progetto e definito i divorziati risposati "concubini".

Alla fine la legge non era passata, ma era stata, comunque, approvata una norma che prevedeva che un cittadino francese potesse sposare una donna che aveva divorziato in un paese in cui la legge prevedeva la possibilità di farlo e tra i paesi confinanti con la Francia ce n'erano diversi, dalla Svizzera all'Olanda che prevedevano questa possibilità.

Il giudizio di Pio IX pesava indubbiamente sulla coscienza di Silvio, anche se non dimenticava che quello di Cristina e del conte Archinto era stato un matrimonio combinato.

In più se Cristina aveva deciso di divorziare significava che non sarebbe mai tornata dal marito e quindi anche se Silvio avesse rinunciato a lei questo non sarebbe certo bastato a rimettere insieme i cocci del suo matrimonio con il conte Archinto.

E allora qual era la scelta giusta?

Un particolare de Il bacio di Francesco Hayez.

16.UN CAFFE, DI NASCOSTO (Torino, 1849)

"C'era una povera creatura che viveva tranquillamente nella nicchia beata lasciata vuota da S. Filomena e bisognava tirarla fuori bisognava proporla a deputato! Silvio Pellico a deputato! L'invalido dei gesuiti il cappellano della Colbert povero ed infelice rimbambito L'han preso per i capelli l'hanno tirato di mezzo ai messali per proporlo a deputato e tutto questo per avere la bella soddisfazione di farci dire sul conto di questo uomo delle verità che avremmo amato di tacere per impedire l'elezione di un Veneziano per avere un deputato di nessun colore cioè del loro. O regno dell'alta Italia con ben tristi i sonni che fai passare a chi vorrebbe seppellirti! Ma viva Dio come il senno degli elettori di Venasca già provvide una volta noi ne abbiamo fermissima fede che vi provvederà una seconda ed ai becchini non resterà che la soddisfazione di erigere a quella larva di gloria una piramide di agnus Dei di breviari capillari aggiungendovi in cima a modo di banderuola un ode di S Filomena." **(Dalla Gazzetta del Popolo del gennaio 1849, scaricata da google libri, Pellico venne candidato due volte,**

76

ma non venne mai eletto al parlamento, nel 1853 nel collegio di Saluzzo ottenne 83 voti che oggi sarebbero pochissimi, ma allora i collegi elettorali erano piccoli e i votanti erano solo le persone che raggiungevano un certo reddito quindi bastavano intorno ai 250-300 voti per ottenere un seggio in parlamento. Venasca è un piccolo comune di in provincia di Cuneo a pochi km da Saluzzo, forse, Pellico venne proposto fuori Torino perché pensavano che sarebbero stati necessari meno voti per una sua eventuale elezione).

Era trascorso ormai più di un anno da quando Pietro Borsieri era andato in esilio a Torino, ma l'incertezza su chi era compreso e chi era escluso dall'amnistia che l'imperatore austriaco aveva emanato lo avevano convinto a restare a Torino.

Tuttavia, se questa era la motivazione ufficiale per le sorelle e per gli amici, la motivazione intima e difficile da spiegare agli altri era il suo amore per Costanza Arconati.

Silvio, però, era a conoscenza di questo amore e più di una volta gli aveva consigliato di rinunciare ai suoi sentimenti per una donna sposata, ma, ora che anche Silvio si trovava in una situazione simile, non poteva più permettersi di dare consigli all'amico e così cercava con lui di non affrontare l'argomento.

"Mi offriresti un caffè?" Gli aveva chiesto una mattina in cui era andato a trovarlo.

"La Barolo ha saputo della tua relazione con la Trivulzio e si è talmente scandalizzata che non ti passa più neppure la colazione?!"

"No, la Barolo non sarebbe mai così meschina e il suo nuovo medico che segue i dettami della medicina omeopatica ad avermi proibito il caffè, ma io purtroppo senza un caffè fatico ad iniziare la giornata."

"Ti avverto che il mio caffè somiglia più all'acqua calda che a quello che eri abituato a bere in casa Barolo!"

"Non ti preoccupare, andrà bene lo stesso."

"Lo diceva anche il povero Torquato Tasso che di queste cose se ne intendeva che nell'amore il dolce e l'amaro sono spesso mescolati assieme e io e te in questo periodo ne siamo l'esempio vivente."

"La Arconati non è né separata né divorziata e per tua fortuna o sfortuna a seconda dei punti di vista non ti dedica neppure appassionati versi d'amore!"

"Il tuo libro di memorie t'avrà anche fruttato lettere di insulti, ma sono state ampiamente compensate da lettere e poesie di lettrici innamorate di te e pronte a consolarti per le sofferenze subite. Le donne hanno spesso la sindrome dell'infermiera e tu suscitando sentimenti di compassione devi averla risvegliata in parecchie gentili signore e signorine."

"Ma io ho fatto il possibile per mantenermi sempre nei limiti della correttezza e non approfittarne."

"Certo, ma se, oltre ad essere un apprezzato scrittore, fossi stato anche benestante, a quest'ora saresti già sposato con una di loro e magari avresti potuto scegliere anche una moglie abbastanza giovane e graziosa come ha fatto Confalonieri sposando una contessina irlandese che aveva venticinque anni buoni meno di lui! A volte penso che è una vera ingiustizia che le cose a questo mondo debbano andare così."

"Ma, forse, nel mio caso è stato un bene perché una donna giovane con la testa piena di speranze e di illusioni avrebbe sposato lo scrittore e non l'uomo e magari sarebbe poi rimasta delusa da me."

"Io non credo perché tu hai in fondo un buon carattere e poi questo dimostra che Cristina è adatta a te perché ha già avuto un marito e a cinquant'anni è certamente più realista di una ventenne!"

"Non aver paura che io sia eletto deputato; le elezioni non differiranno dalle precedenti e io son troppo poco estremista per aver molti voti." **(Silvio Pellico, lettera alla sorella Giuseppina trad. di Barbara Allason)**

Un paio di giorni dopo, mentre stava aggiornando l'elenco dei bambini ospitati nelle sale d'asilo, Silvio era stato interrotto da don Pietro Ponte, il cappellano della marchesa di Barolo che gli aveva detto: "Dovrei parlarti di una questione importante."

"Riguardo a qualche bambino dell'asilo?"

"No, riguardo alla contessa Archinto."

"Allora, finisco con questo lavoro e poi andiamo nel mio studio."

Quando si erano ritrovati soli, don Pietro aveva spiegato a Silvio: "Ho riflettuto in questi giorni su quello che mi hai raccontato riguardo al fatto che la Archinto si è sposata per procura con una persona scelta dai suoi genitori e non da lei e credo che potrebbe ragionevolmente chiedere l'annullamento del suo matrimonio, ma sai anche tu che si tratta di una procedura lunga e dall'esito incerto, tuttavia non credo che tu faccia bene nell'attesa ad avvalerti della legge francese che ti consentirebbe di sposare una donna divorziata. Di fronte a Dio, finché non avrà ottenuto l'annullamento, Cristina resta sempre, infatti, la moglie del conte Archinto."

"Il conte Archinto purtroppo sta dilapidando il patrimonio di famiglia e io vorrei salvare Cistina dalle conseguenze del comportamento irresponsabile del marito, anche se non ne parlo volentieri perché sono questioni personali non posso dimenticare, infatti, quello che ha sofferto mia madre a causa dei debiti contratti da mio padre."

"Se sposi Cristina civilmente solo per questo, allora la situazione è diversa, ma io ti consiglierei lo stesso di aspettare e di riflettere ancora prima di prendere una decisione così importante."

Palazzo Archinto e Palazzo D'Adda a Milano
in una stampa del '700.

17.IL DOLCEAMARO DELL'AMORE (Torino, primavera / estate 1850)

"Se debba V. S., per meglio giovare a sé ed altrui, aspirare a scienze, a fama letteraria, questo è di quegli arcani non rivelati ad alcuno. Bisogna dunque decidersi secondo il proprio parere e le proprie circostanze di fortuna. Chi giunge a fama, ha grandi tribolazioni, ed anche l'uomo oscuro ne ha; v'è poca felicità per ogni dove sulla terra; sperarne molta è stoltezza. Prendiamone quella dose che onestamente possiamo, e quando pur fossero moltissimi i dolori, sopportiamoli fino a morte, senza viltà, senz'odio." (Silvio Pellico, lettera del 1850 a Giuseppe Allievo)

"Non darsi dolore in amore, in cui non sia più il dolce che l'amaro." (Torquato Tasso, Conclusioni amorose, Tasso era una passione dei romantici italiani e in particolare di Pietro Borsieri che aveva lavorato per anni ad una trilogia di testi teatrali dedicati alla vita del Tasso senza riuscire a terminarla).

"Quando mi innamorai di Cristina ero soltanto il precettore dei bambini del conte Porro e sapevo di non poter aspirare al matrimonio con una marchesina Trivulzio e anche Cristina lo sapeva, per questo, nonostante fossimo entrambi innamorati, ci siamo arresi. La nostra resa ha permesso però ai genitori di Cristina di farla sposare pochi mesi dopo con il conte Archinto,

81

un uomo molto diverso da lei come temperamento e come opinioni che non è mai stato capace di comprenderla davvero."

"E allora cosa vorresti fare? Rimediare all'ingiustizia che pensi di aver subito allora con trent'anni di ritardo?"

"Io ho fatto il possibile per non lasciar trapelare i miei sentimenti in questi trent'anni, ma la mia rinuncia non è servita perché Cristina e il marito stanno divorziando lo stesso."

"Sei certo di non aver in qualche modo spinto Cristina verso questa decisione?"

"Sì perché quando suo marito si rifiutava di parlare con loro figlio perché non condivideva la sua scelta di aver combattuto sulle barricate contro gli austriaci ho consigliato a Cristina di tornare a Milano e di parlare con il conte Archinto per cercare di convincerlo a non essere così rigido con suo figlio, in quel momento invece avrei potuto a ragione criticare il marito di Cristina e con la motivazione che era impossibile fargli cambiare idea chiedere a Cristina di restare accanto a me qui a Torino, più di così secondo te cosa avrei potuto fare?"

"Non dico che, se la Archinto divorzia, la colpa sia la tua, ha un marito presuntuoso, di idee politiche ristrette e troppo amante del lusso e delle spese, perciò, anche se tu non avessi fatto nulla, avrebbe avuto lo stesso qualche motivo per lasciarlo, ma resta il fatto che di fronte a Dio Cristina resta sua moglie."

"Cristina vuole chiedere l'annullamento del suo matrimonio."

"Ma ci vorrà del tempo e, intanto, tu cosa farai?"

"Ancora non lo so, ma so con certezza che, se non farò nulla, la perderò un'altra volta. La mancanza di decisione e di coraggio una donna, credo che possa perdonartela una volta soltanto e io già mi sono tirato indietro trent'anni fa, perché non potevo permettermi di perdere il lavoro presso il conte Porro e in più temevo che Cristina non mi avrebbe amato per sempre. Nelle mie condizioni di salute non so quanto potrò renderla felice, ma farò il possibile per non farla pentire di avermi dato una seconda possibilità."

Mentre si rigirava nel letto Silvio pensava a questo colloquio che aveva avuto pochi giorni prima con il fratello, erano quasi due anni che non lo vedeva perché nel 1848 i Gesuiti erano stati mandati via da Torino, ma ora che l'aveva potuto finalmente riabbracciare non avrebbe voluto discutere con lui, ma trovare quella comprensione di cui aveva bisogno.

Silvio aveva spesso vissuto una vita più interiore che esteriore, ma ora sposando Cristina questa vita interiore avrebbe dovuto condividerla con lei o forse non sarebbe stato necessario condividerla tutta, perché erano due persone adulte che non hanno più l'illusione dei giovani, di fondersi l'uno nell'altro, ognuno di loro probabilmente sarebbe rimasto se stesso, ma non sarebbe stato più solo, avrebbe avuto qualcuno con cui confrontarsi e a cui chiedere aiuto.

Per Silvio l'inverno 1849-1850 era stato difficile da superare, nonostante fosse ormai abituato alla debolezza dei suoi polmoni. Di solito era l'asma a farlo soffrire, questa volta, invece, oltre alla sua solita asma, aveva iniziato ad avere una tosse insistente e qualche sbocco di sangue che gli avevano fatto tornare in mente la diagnosi di tisi che aveva fatto più di vent'anni prima il medico dello Spielberg e che poi altri medici dopo la sua liberazione avevano smentito.

Nel dubbio aveva convinto Cristina ad allontanarsi da lui, andando nella villa sulla lago di Como che aveva ereditato dalla madre.

"Quando starò meglio, ti raggiungerò." L'aveva rassicurata, ma erano trascorse alcune settimane e a Cristina il lago in inverno metteva soltanto tristezza tanto che stava per fare i bagagli e tornare a Torino quando era giunto ad Omate suo figlio.

"Vi dispiace, se resto qui per alcuni giorni?" Le aveva chiesto, sapendo che Cristina lo avrebbe voluto al sicuro oltre i confini dell'Italia o almeno oltre i confini dei territori sottoposti al dominio austriaco.

"Hai ventinove anni, alla tua età, sei abbastanza maturo da capire che per chi non ha beneficiato dell'ultima amnistia austriaca sarebbe meglio evitare di mettere piede in Lombardia."

"Ma qui siamo in una zona di confine oltre al fatto che sono certo che nel caso di un controllo voi non mi consegnereste mai nelle mani della polizia austriaca!"

"Questo è poco, ma sicuro, però, non sono altrettanto sicura che tutti dalla servitù ai proprietari delle ville confinanti siano disposti a compromettersi per coprirti!"

"Se non è pericoloso soggiornare qui per Silvio perché dovrebbe esserlo per me?"

"Silvio ormai non ha più pendenze col governo austriaco e ha un passaporto valido con cui ha già viaggiato da uno stato all'altro di questa nostra povera Italia, quindi, a differenza tua, può venire a trovarmi senza correre inutili rischi."

"Voi meritavate qualcosa in più non solo di un reazionario come mio padre, ma anche, se mi permettete, del segretario della Barolo."

"Silvio è una persona d'animo buono e sensibile e a me non interessa se per vivere ha deciso tanti anni fa di accettare di lavorare in casa della Barolo."

"Avrà avuto paura di non riuscire a mantenersi coi libri che scriveva!"

"Non si scrive un libro di Memorie all'anno, le tragedie possono essere bloccate dalla censura e non arrivare mai sulle scene e la poesia patriottica infiamma gli animi, ma vende poco, quindi io non lo giudico, anche se al suo posto avrei rischiato di più e provato a vivere del mio lavoro di scrittore, ma non posso escludere che abbia avuto delle pressioni dai suoi familiari per accettare un lavoro tranquillo e sicuro."

"Allora non giudicate neppure me se siete tanto generosa con Silvio!"

"Non sono ingenerosa con te, non credo di esserlo mai stata, almeno da quando sei diventato adulto, però, mi dispiace lo stesso che tu sia venuto qui per incontrare qualcuno dei tuoi amici e discutere di politica con loro e non per vedere me! So bene tuttavia che in quest'epoca tutti abbiamo ormai le nostre rivoluzioni personali da portare avanti e io ho deciso di rispettare le tue, a differenza di tuo padre che vorrebbe ancora decidere della tua vita e del tuo futuro. Anzi, avrai presto la casa tutta per te perché io domani torno a Torino."

L'arresto dei carbonari milanesi in una stampa dell'800.

18.AMOR DI SOSPETTI E' FABBRO (Torino, 1850)

«Hélas! dans ma prison, parfois lorsque je rêve,
Un songe, cet ami de mon sommeil léger,
Me dit que je suis libre et que mon mal s'achève...
Que j'ai ma liberté sur un sol étranger!
Sur un sol étranger!... Oh! je vous en supplie,
Mon Dieu! je ne veux pas être libre à ce prix...
Qu'on me donne plutôt des fers en Italie...
Je veux mourir, je veux mourir dans mon pays!»
(Silvio Pellico, versi composti durante la prigionia)[15]

"Provai a dirle che un bacio del 1827, dato e non reso, non poteva ormai compromettere nessuno, ed essa parve acquetarsi a questa saggia riflessione." (A. Brofferio)

Allo scrittore Angelo, le cugine Marchionni, Gegia e Carlotta, erano sempre piaciute, tanto che con Carlotta era arrivato ad un passo dal matrimonio e da Gegia aveva ottenuto molti anni prima un bacio, senza sapere all'epoca che stava baciando la fidanzata del Pellico o forse lo sapeva già e quel bacio era quasi una sfida, un dimostrare che una donna va amata in modo concreto e non ideale, come aveva fatto per tanti anni Silvio.
"Carlotta è alla Filodrammatica per le sue lezioni?"

---

[15] http://fr.wikipedia.org/wiki/Silvio_Pellico

"No, è da Silvio a palazzo Barolo perché ha accettato di recitare per beneficienza una nuova versione in francese della Francesca di Silvio e voleva recitare di fronte a lui alcuni brani per essere certa della correttezza della propria pronuncia."

"Sempre scrupolosa la nostra Carlotta."

"Lo sai anche tu quanto è precisa nel proprio lavoro."

"Allora le novità sul nostro Pellico te le racconterà lei al suo ritorno meglio di me."

"Quali novità?"

"Sono stato in Svizzera a trovare Cattaneo e ho scoperto che la misteriosa dama che avevo visto a passeggio con Silvio per Torino è una contessa milanese, divorziata da poco dal marito." Gegia aveva sempre voluto bene a Silvio più come amico che come possibile marito, ma era lusingata dal fatto che uno scrittore apprezzato in tutta Europa che qualche poetessa straniera si era offerta ben volentieri di consolare delle sofferenze patite in carcere avesse rinunciato ad altri amori per restare fedele a lei e al loro amore giovanile. Non aveva mai dato credito, infatti, ad un possibile amore tra Silvio e la marchesa di Barolo, ma ora questa contessa milanese con cui Silvio si faceva vedere in giro per Torino senza preoccuparsi troppo delle chiacchiere che avrebbe potuto suscitare, la ingelosiva seriamente.

Se Silvio, di solito così prudente nei rapporti con donne sposate, si mostrava accanto a lei significava che per lui in passato questa donna aveva avuto un ruolo importante e che forse lo aveva ancora.

"E chi sarebbe questa contessa?" Aveva dunque chiesto Gegia ad Angelo, sempre più incuriosita, ma cercando di non mostrarsi gelosa.

"Una Archinto o meglio dovrei dire una Trivulzio visto che col divorzio ha ripreso il suo cognome da ragazza."

"Sarà una sua vecchia amica degli anni milanesi che si trova a Torino in esilio e che Silvio che è sempre buono verso tutti sta cercando di aiutare."

"Sì, certo, aiutare una bella donna è davvero un gran sacrificio!" Aveva ironizzato Angelo.

"Il cantore di Francesca da Rimini era, secondo il Bersezio, «di piccolissima statura, di viso ammencito, di corpo esile, pallido pallido, con occhi grigi, vaghi, incerti... camminava lento, quasi rispettivo pur nel passo» **(Dalla biografia di Silvio Pellico scritta a fine '800 dal padre gesuita Ilario Rinieri)**

Nel frattempo Carlotta che si trovava nello studio di Silvio a palazzo Barolo e stava recitando alcuni brani della *Francesca* si era accorta che Silvio aveva un'aria assorta e per un istante aveva chiuso gli occhi.

"Se hai qualche impegno con la Barolo oppure se sei stanco, io posso interrompermi e tornare tra un paio di giorni."

"No, Carlotta, sto bene, mi sono soltanto distratto pensando a quanto eravamo giovani tutti e due quando hai portato per la prima volta al successo la mia Francesca."

"Hai ragione: eravamo proprio giovani! Tu non avevi ancora trent'anni e a me mancava poco per compierne venti, ma, anche se adesso siamo più vecchi e spero anche un po' più saggi, l'amore verso il teatro ancora lo conserviamo."

"Sì, anche se, a volte, mi chiedo se ho fatto bene a scrivere una tragedia che esalta il tradimento coniugale."

"Se una donna è stata costretta a sposarsi per procura come Francesca, senza poter conoscere e scegliere il proprio sposo, la si può capire se poi si innamora di un altro uomo."

Per Silvio quelle parole erano state come un'allusione alla sua situazione, ma soprattutto a quella di Cristina. Carlotta si era accorta del suo turbamento, ma non riusciva a capirne il motivo e così gli aveva chiesto: "Credo di aver detto una cosa su cui concorderai anche tu e d'altra parte nessuno o quasi tranne i regnanti oggi si sposa per procura."

Vedendo che Silvio invece di essere soddisfatto dalla sua spiegazione sembrava sempre più a disagio Carlotta gli aveva chiesto: "C'è qualcosa che non va, Silvio? Non ti senti bene?"

"No, Carlotta, tu non hai alcuna colpa, sono io che non avrei mai immaginato che la scrittura a volte può precedere la vita, di solito, è il contrario, si vive qualcosa e poi lo si racconta, nel mio caso, invece, la mia tragedia racconta qualcosa che nel 1815 non era ancora accaduto, ma che sarebbe accaduto pochi anni dopo."

Carlotta si era ricordata a quel punto delle allusioni maliziose di Brofferio alla bella signora che aveva visto accanto a Silvio e così aveva azzardato un consiglio da "vecchia amica", dicendogli: "Io credo che tu sia un bravo scrittore e un uomo d'animo sensibile, ma una principessa non è troppo per te? Non perché credo che le disparità sociali siano differenze di merito, ma è innegabile che la sua mentalità e la sua vita saranno purtroppo sempre differenti dalle tue."

"Lo so, Carlotta, e ti do pienamente ragione, ma io sono meno vicino alle virtù cristiane di quello che tu immagini, altrimenti non farei soffrire una donna che mi ama e che ha già dovuto affrontare altri dispiaceri nella vita."

"Se lei ti ama, è diverso: anche se è una principessa, infatti, e ha avuto molto dalla vita grazie alla sua nascita le pene d'amore la rendono uguale a tutti noi."[16]

"Mi perdonasti, non ricordo — o forse / Peccata eran tuttora e l'incessante / Segreto culto ch'a mia Dama io porto e l'odio mio invincibile pei vili? (S. Pellico, *Iginia D'Asti*)

"Prende il solito caffè?"
"No stamattina fammi un caffè d'orzo."
Dopo aver fatto la sua ordinazione, Silvio si era guardato attorno per vedere se trovava un tavolino libero dove potersi godere cinque minuti di pace e sorseggiare il suo caffè che era meno forte di quello che avrebbe voluto, ma era comunque un dignitoso sostituto che non gli avrebbe attirato addosso i rimproveri del dottor Fioretta.
Mentre si guardava attorno, Silvio aveva notato due dame, sedute ad un tavolino che conversavano tra loro: una era senza dubbio la "sua" Cristina e l'altra gli era sembrata la contessa Confalonieri, per questo si era avvicinato a loro e gli aveva chiesto: "Posso sedermi accanto a voi?"
"Certo che puoi."
"Vi ringrazio, ma scusate se mi permetto di dirvelo: non è un po' imprudente in tempi di disordini politici come quelli che stiamo vivendo per due donne sole frequentare un caffè?"
"Io sono divorziata e la contessa Confalonieri è vedova quindi possiamo anche permetterci questo tipo di imprudenze." Gli aveva risposto Cristina e Silvio da una parte era rimasto <u>affascinato dal suo spirito d</u>i sfida, ma dall'altra lo aveva

---

[16] Le Trivulzio erano "principesse", non solo la famosa Cristina Trivulzio Belgioioso, ma anche le cugine, tra cui la Cristina del Pellico.

trovato eccessivo perché lo metteva in difficoltà una donna come lei che voleva dimostrarsi capace di difendersi da sola, come se in fondo Cristina non sapesse che farsene del suo spirito cavalleresco e protettivo. E così Silvio, per uscire da quell'impasse, aveva cambiato argomento di conversazione, dicendo: "Perdonatemi contessa se da quando vivete a Torino sono venuto a farvi visita una volta soltanto, ma il mio impegno presso la Barolo e ancora di più la mia debole salute mi fanno sempre essere in difetto nei confronti degli amici come vi potrà confermare la principessa Trivulzio a cui sono debitore di parecchie visite mancate."

"Sofia sa bene quanto mi stai facendo soffrire, ma crede che tu lo stia facendo per proteggermi perché pensa che soffrirei molto di più, se ci sposassimo, dovendo prendermi cura di una persona malata come te e come era il povero Federico, una persona che per di più a vent'anni di distanza dalla propria liberazione soffriva ancora di incubi notturni in cui sognava di trovarsi in carcere."

"Non pensate che io abbia sconsigliato a Cristina di sposarvi, le ho soltanto detto che dovrebbe riflettere su quello che una decisione così importante comporta."

"Avete ragione, sposarsi è una decisione delicata e importante che bisogna prendere dopo matura e profonda riflessione, ma io ora purtroppo vi devo lasciare perché sono atteso a palazzo Barolo per colazione."

Dopo che Silvio era andato via, girando il cucchiaino nella sua tazzina ormai vuota, Cristina aveva commentato: "Ma quante volte fa colazione il nostro Silvio? Prima prende il caffè con noi e poi torna a palazzo Barolo e lo prende assieme a Giulia?"

"Forse a palazzo Barolo mangia soltanto qualcosa per colazione senza prendere il caffè oppure ce l'ha detto perché si vergognava di ammettere che ci ha dovute salutare perché non lo attende nessuna colazione, ma solo una pila di lettere da scrivere per Giulia!"

"A volte mi viene il dubbio che non sia soltanto Gulia ad essere segretamente innamorata di Silvio, ma anche Silvio ad essere un po' innamorato di lei, altrimenti non si spiegherebbe come mai preferisca restare in casa sua come segretario dove anche se è trattato con tutti i riguardi resta pur sempre un servitore, mentre in casa mia come marito io lo tratterei alla pari."

"Sei certa che lo tratteresti davvero così e non gli faresti pesare il fatto di provenire da una modesta famiglia della piccola borghesia piemontese?"

"Ma certo, io sono di idee democratiche e mi interessa ciò che Silvio è diventato oggi ossia l'unico scrittore assieme a Gioberti e Manzoni conosciuto in tutta Europa, non da dove viene."

"Non mi dire che lo sposeresti solo perché ti piace l'idea di fare la moglie dello scrittore famoso ovunque, uno di quelli che tutti "conoscono di nome, anche se non ne hanno letto le opere?!"

Se Silvio fosse uno scrittore famoso, ma con un pessimo carattere, questo secondo aspetto passerebbe davanti al primo, ma visto che è gentile, sensibile ed è anche famoso non posso negare che questo giochi molto a suo favore. "

Uno dei corridoi del carcere dello Spielberg.

19. CARLOTTA TRA ANGELO E SILVIO (Genova 1827-Torino 1850)

"L'uomo straordinario che la agitata immaginazione mi rappresentava sotto le forme di un abitatore di superne sfere era un omiciattolo piccino piccino, con due occhietti appena visibili sotto un paio di lenti bleu, con un volto da San Vincenzo Ferreri." (Descrizione di Silvio Pellico in Angelo Brofferio, "Ai miei tempi", scaricabile integralmente da google libri)

"Pellico (il teologo) sta bene e fa anche l'Apostolo, Simonino ha continuato a far servizio quantunque oblato, Savio studia assai, Bertinati, Sorisio etc. stanno bene, e non posso dir più che li vedo ben raramente, (Silvio) è bibliotecario di casa Barolo con 4 mila franchi. e fa lo scherzo di passeggiare per Torino nella vettura del padrone con le gazzette in mano, a

far dell'amore platonico." (Lettera di Giovanni Baracco a Vincenzo Gioberti, Savio dovrebbe essere il marchese Savio, Bertinatti lo scrittore Raffaele Bertinatti, Pellico il teologo è Francesco Pellico, fratello minore di Silvio, purtroppo Baracco, aggiornando Gioberti sulla situazione dei comuni amici torinesi, non ci dice con quale donna Silvio Pellico faceva l'amore in modo soltanto platonico).

"In assenza di Carlotta, trovai sua cugina, quella Gegia che aveva fatto girare il capo a Silvio Pellico e che era capace di fascinare non solo un poeta di bella fama, ma tutto quanto il Parnaso." (La citazione è tratta sempre da I miei tempi di Angelo Broffferio, sono le prime righe dell'episodio del bacio a Gegia, Brofferio non ci dice in che anno si svolge l'episodio, che poi ho scoperto confiderà ad un amico risalire al 1827 quindi mentre Pellico era in carcere e dall'ironia con cui è narrato il tutto mi viene da pensare che Brofferio sapesse del rapporto che c'era stato tra Gegia e Pellico e che il suo bacio non fosse un gesto del tutto innocente)[17]

Silvio vedeva di rado Carlotta, ma la loro amicizia era riuscita a superare il tempo e la diversità di frequentazioni: Carlotta, infatti, continuava a frequentare l'ambiente teatrale, anche se ormai non recitava più se non per beneficienza.
Tra i frequentatori del salotto teatrale e letterario di Carlotta c'era anche lo scrittore e avvocato Angelo Brofferio che aveva conosciuto Silvio nel 1831, pochi mesi dopo la sua uscita dal carcere, proprio a casa di Carlotta.

Per Brofferio Silvio era stato per anni il poeta di *Francesca* o meglio il poeta che aveva messo in bocca a Paolo nella sua tragedia versi coraggiosi che la censura aveva fatto stranamente passare e che ricordavano come bisogna prendere le armi per difendere la propria patria e non per servire qualche dominatore straniero. E così Angelo Brofferio aveva idealizzato Silvio, ma il suo mito lo aveva deluso, rivelandosi un uomo timido e cortese, molto lontano dal combattente per la libertà che Brofferio aveva immaginato e così da possibili amici erano diventati avversari e, se ad Angelo piaceva lo scontro, Silvio, invece, era il tipo che preferiva evitare le discussioni.

A mediare tra loro aveva provato Carlotta, ma senza grandi risultati perché Silvio la andava a trovare poco e sempre di giorno, quando era certo di trovare solo lei e sua cugina Gegia che non era mai riuscito a dimenticare del tutto. Di sera erano altri i salotti che frequentava, da quello della Masino a quello della marchesa di San Tommaso, perciò, ad avere campo libero da Carlotta era rimasto Brofferio a cui si aggiungeva qualche volta il commediografo Alberto Nota che, però, vivendo a Casale, dove aveva un incarico di tipo amministrativo, non capitava spesso a Torino.

Quando Angelo aveva venticinque anni e Carlotta trentuno si era parlato di un loro possibile matrimonio, ma a Carlotta l'esuberanza di Angelo piaceva, se restava nel ruolo di amico, mentre la spaventava se fosse stato suo marito. Considerando i sei anni in più che lei aveva, temeva, infatti, che non sarebbe riuscita a tenergli testa nell'intimità, ma non solo e che anche il suo lavoro di attrice ne avrebbe risentito; oltre al fatto che era troppo orgogliosa per accettare l'idea che, quando la loro differenza d'età sarebbe stata più evidente, Angelo avrebbe potuto farsi un'amante e lei non avrebbe mai accettato di dividerlo con un'altra donna.

Angelo che era giovane e pieno di impeto si era ripreso in breve tempo dal no di Carlotta e aveva sposato un'altra donna, di nome Felicia, ma, nonostante il nome promettente della moglie, il loro non era stato un matrimonio felice perché, dopo tre figli e qualche reciproco tradimento, si erano separati e in Svizzera Angelo aveva ora un'altra donna che, però, per la legge piemontese, non poteva sposare.

"Ho visto il nostro Silvio insieme ad una bella signora, prima a passeggio per Torino e poi in un caffè, tu hai idea di chi sia?"

"A parte la Barolo che è graziosa, ma che non definirei bella, non mi sembra che Silvio frequenti altre signore, d'altra parte, la Barolo seduta al tavolino di un caffè torinese non riesco proprio ad immaginarla! Sei sicuro che si trattasse di Silvio?"

"Considerata la faccia e l'altezza direi proprio di sì!"

"Povero Silvio, non è certo colpa sua se madre Natura l'ha fatto basso!"

"No, di certo e non è neppure colpa sua se la stessa madre Natura ha fatto alta sia Gegia sia la signora misteriosa con cui l'ho incontrato!"

"Forse si tratta della vedova del conte Confalonieri, so che è venuta in esilio a Torino dopo il ritorno degli austriaci a Milano e da quello che mi è stato detto è una donna sui trentacinque anni abbastanza graziosa."

"No, non può essere lei, la donna che io ho visto avrà avuto, infatti, sui cinquant'anni, anche se portati bene."

"E allora potrebbe essere Sophie Pannier, una scrittrice francese amica di Silvio, ma chiunque sia, io credo che dovremmo lasciare tranquillo il povero Silvio. Se anche avesse una donna che è per lui più di un'amica, in fondo, è celibe e non è obbligato a stare solo."

Angelo Brofferio in una biografia ottocentesca.
Brofferio era nato nel 1802 e quindi aveva tredici anni in meno rispetto a Silvio Pellico e sei rispetto a Carlotta Marchionni.

Nonostante nei ritratti degli anni '40 e '50 dell'800
Angelo Brofferio non sembri particolarmente affascinante
nella Torino dell'epoca era conosciuto perché era in
parlamento strenuo oppositore della politica di Cavour, ma
anche per le due mogli e i sette figli.

20. AFFETTI E PASSIONI (Torino, 1850)

"Mio caro Pellico, mi hai fatto veramente una dolcissima visita colla tua letterina, la quale cogliendomi in questo angusto mezzanino, ove mi sto tutto solo e malinconico, momentaneamente mi ha trasportato in ispirito in quell'altro più infelice soggiorno ove la tue righe mi giungevano sì consolanti." (Lettera di Pietro Borsieri a Silvio Pellico del 24 settembre 1849)

Balbianino, 20 agosto 1819: "Non voglio più amare - se posso. - Disgraziatamente v'è quella compagna delle passeggiate mie solitarie, quella fanciulla di 20 anni, quella che mi porgeva il latte, dopo averlo libato colle sue labbra - la sua immagine è qui, profondamente scolpita; ma no, non sarà amore. Non abbiamo proferito altro nome che quello di amicizia. - Il pericolo era passato, tutta la brigata s'era sciolta; io era venuto via da Balbianino; stavamo qui alla Cascina, Porro ed io - quand'ecco una sera - eravamo mezzi addormentati sopra un sofà - compariscono dei cappellini - tre donne; la madre e le due figlie - io balzai come un innamorato di 15 anni." (S. Pellico, lettera a Ferdinando Rossi di Vandorno del luglio 1819)

"Sono quattro volte che fai queste scale, io non credo che il medico, se lo sapesse, sarebbe d'accordo."

"Hai ragione, termino le commissioni che mi ha affidate la Barolo e poi mi riposo."

Don Ponte ha ragione, aveva pensato Silvio, consapevole di avere un pessimo rapporto con l'ampio scalone di palazzo Barolo che lo impensieriva sia quando doveva scenderlo sia ancora di più quando doveva salirlo, ma Giulia era sempre così piena di iniziative benefiche che a Silvio sembrava doveroso cercare, per quanto gli consentivano le sue forze, di aiutarla.

Alla fine, però, si era ritirato nella sua camera e si era steso sul letto, ma, mentre cercava di riposarsi, aveva iniziato a respirare con difficoltà e aveva detto a se stesso: "Ho fatto peggio a mettermi così, alzarsi dopo sarà una fatica e quel che è peggio quando sto disteso mi manca sempre il respiro."

Alla difficoltà di respirare era seguito un attacco di tosse e il fazzoletto che Silvio si era portato alla bocca si era macchiato di sangue.

Non era la prima volta che a Silvio capitava di avere uno sbocco di sangue, ma era la prima volta da quando era sposato con Cristina e anche se lei proprio poche sere prima accarezzandolo sul viso gli aveva sussurrato: "Io lo so che sei malato ai polmoni, ma ti amo lo stesso." Silvio era convinto che Cristina non si rendesse conto pienamente delle sue condizioni e d'altra parte per non farla preoccupare quante volte le aveva dissimulato i dolori al petto o la febbre?

Silvio sapeva, però, che adesso non poteva più far finta di nulla: che avrebbe dovuto avvertire il proprio medico, ma anche Giulia e che lei per precauzione lo avrebbe allontanato dai bambini dalle sale d'asilo. A Cristina sarebbe stato più difficile dirlo, ma forse sarebbe bastato convincerla a tornare a Milano per interessarsi della sorte del figlio e della sua possibilità di rientrare nell'amnistia che si diceva gli Austriaci avrebbe concesso a breve.

Ora, però, non gli restava che farsi forza e alzarsi dal letto.

Al ritorno a Torino Cristina aveva scoperto la verità sulle condizioni di salute di Silvio e aveva perduto la pazienza: "Mio figlio pretende di nascondersi nella casa al lago e cospirare contro gli Austriaci col mio permesso, tu mi nascondi la realtà della tua malattia come se fossi una figlia da proteggere e non una moglie con cui condividere tutto nel bene e nel male. E' questa forse la tua idea del matrimonio?"

"D'inverno le condizioni dei miei polmoni peggiorano sempre, ma, poi, passato il freddo, con l'arrivo della primavera migliorano, per questo non volevo farti preoccupare più del necessario per me."

Cristina, però, non era stata appagata da quella risposta e così si era seduta di fronte a Silvio e gli aveva detto: "Devo andare a parlare io con il dottor Fioretta o mi dici direttamente tu la verità?"

"All'epoca della detenzione il medico del carcere mi diagnosticò la tisi e mi disse che mi restavano pochi mesi di vita tanto che io ero convinto di fare la fine del povero Oroboni che morì davvero nell'arco di pochi mesi nella cella accanto alla mia e, invece, sono sopravvissuto e ho avuto la gioia di tornare a casa e di riabbracciare i miei familiari. E così mi sono convinto che il medico del carcere si fosse sbagliato o che Dio avesse avuto compassione di me e dei miei anziani genitori e mi avesse lasciato sopravvivere. Ora, però, le mie condizioni sembrano tornate quelle di allora, il medico per ora parla solo di una congestione di sangue nei polmoni, ma io temo il peggio."

"Magari anche questa volta andrà tutto bene e i tuoi timori sono infondati, però, la prossima volta, non trattarmi come una bambina a cui si nascondono le cose. Gli uomini a volte hanno il difetto di trattare noi donne anche quando siamo adulte come se fossimo ancora delle bambine da guidare e proteggere, ma tu sai che io non lo sopporto."

Dopo una settimana che Cristina era rimasta chiusa in casa ad assisterlo, Silvio le aveva detto: "Stasera ti cambi e vai a teatro."

"Perché dovrei andare a teatro?" Gli aveva risposto Cristina, stupita da quella proposta.

"Perché tu non sei abituata a fare l'infermiera e hai bisogno di prendere una boccata d'aria."

"Ma mi dispiace lasciarti da solo nelle tue condizioni."

"Ho passato tante notti da solo da quando sono uscito dal carcere, perciò, non devi preoccuparti per me."

Silvio aveva mangiato per cena solo qualche cucchiaio di minestra e poi era andato a letto, ma non riusciva ad addormentarsi e così era trascorso il tempo e Cristina era tornata dal teatro.

Sentendo i suoi passi Silvio aveva sperato che Cristina sarebbe passata nella sua camera per vedere come stava e dargli un bacio sulla fronte per augurargli la buona notte, ma Cristina, convinta che Silvio già dormisse si era diretta verso la propria camera.

Sentendo i suoi passi che si allontanavano, Silvio aveva cercato di rassegnarsi a quella piccola perdita, ma per qualche istante si era sentito davvero solo.

Caro Briano

Sono contento, contentissimo della tua terza parte del Colombo, e parmi che il buon esito non possa mancare. Dovresti far recitare di seguito le tre parti in tre sere; a mio credere, le bellezze di ciascun dramma e del tutto sarebbero meglio sentite. In questa ultima parte, ogni atto è di felice invenzione, l'interesse cresce, ed il fine è commoventissimo. Mi congratulo del valor tuo, t'auguro infiniti applausi e sono il tuo affmo

Silvio Pellico

martedì, 19. dic. 43

La mattina dopo Silvio aveva ricevuto una visita dello scrittore torinese Giorgio Briano che era legato a lui da un'amicizia ormai ventennale e che andava abbastanza spesso a trovarlo.

"Tua moglie è stata gentile ieri sera a venirmi a salutare e complimentarsi con me per il buon esito della mia tragedia, anche se, quando l'ho vista, credevo che fossi venuto anche tu a teatro assieme a lei."

"Lo sai, Giorgio, quanto sia debole la mia salute e in più da un paio di settimane ho una tosse persistente che mi fa arrivare alla sera sempre piuttosto spossato."

"Allora, andiamo almeno a prendere un caffè insieme?"

"Purtroppo non lo posso prendere perché il medico me l'ha proibito dicendomi che fa contrasto con le mie medicine e che per questo ho avuto una reazione allergica, ma la verità è che la mia salute è talmente disastrata che neppure i medici ci capiscono molto, anche se posso almeno rallegrarmi del fatto che le cure omeopatiche del dott. Fioretta m'abbiano salvato dai salassi, tanti anni fa al povero Ludovico Di Breme per calmare la tosse e fermare gli sbocchi di sangue gli fecero talmente tanti salassi che secondo me quel poveretto alla fine l'hanno fatto morire dissanguato."

"Cosa dirai se verrà fuori sulle gazzette la notizia del tuo matrimonio?"

"Dirò la verità come ho sempre fatto spiegando che non ero tenuto a divulgare una notizia che riguardava la mia vita privata e che sto aspettando che Cristina ottenga l'annullamento del suo matrimonio con il conte Archinto per poterla sposare in Chiesa."

"Io anche se sono un giornalista so rispettare la vita privata delle persona, ma sai bene quanto è accesa la polemica politica in questo momento in Piemonte e qualcuno potrebbe non avere i miei stessi scrupoli."

"Su di me hanno scritto di tutto, persino che avevo sposato una nobile inglese o che mi ero fatto gesuita, non mi spaventa certo se scrivono che ho sposato una contessa milanese."

Giorgio aveva sempre apprezzato l'ironia con cui Silvio sapeva ridimensionare le notizie, a volte non veritiere che circolavano su di lui, ma ormai dopo vent'anni lo conosceva abbastanza bene e sapeva che quell'ironia non gli veniva naturale, ma era un'arma di difesa, maturata attraverso la frequentazione dei salotti prima milanesi e poi torinesi in cui Silvio, nonostante le sue timidezza, riusciva in fondo a destreggiarsi abbastanza bene.

Questa volta, però, non era così convinto che Silvio sarebbe riuscito a prendere con ironia la pubblicazione della notizia del suo matrimonio e così gli aveva detto: "Perché non anticipi tu la notizia, inviando una lettera a un giornale, se preferisci anche ad uno straniero in cui spieghi come il matrimonio sia una scelta seria e che proprio per questo hai atteso tanto per contrarlo, ma nello stesso tempo, pur rispettando la sacralità del matrimonio religioso, sei sempre stato convinto che i matrimoni combinati sono un errore perché non nascono da una libera scelta, ma da una costrizione?"

"Sì, è vero che sono contrario ai matrimoni combinati, ma in questo momento non mi sembra il caso di esporre la povera Cristina al giudizio dei lettori delle gazzette, senza contare che non posso prevedere come reagirebbe il conte Archinto, se venissero rivelati pubblicamente dei particolari relativi al suo matrimonio con Cristina."

"Scusa se mi permetto di dirtelo, ma con questo matrimonio ti sei andato ad infilare in un vero ginepraio!"

Così come aveva percepito qualche mese prima la perplessità della marchesa Di Barolo, ora Silvio percepiva quella di Giorgio e poteva comprenderla, ma non era stata la solitudine a spingerlo a sposare Cristina, quanto piuttosto la consapevolezza che lei lo conosceva da trent'anni e che prima di vedere lo scrittore vedeva l'uomo, Cristina aveva conosciuto il giovane timido che lavorava in casa del conte Porro che scriveva tragedie appassionate e poi si perdeva d'animo quando doveva confidare ad una donna reale che l'amava e che anche nella vita era capace di provare sentimenti intensi come quelli raccontati dai suoi versi.

Dopo la morte di molti dei suoi vecchi amici, come Piero Maroncelli e Federico Confalonieri, Cristina era il suo legame con il passato, con la parte migliore del suo passato, quella che non aveva mai dimenticato o rinnegato.

Come poteva però spiegare tutto questo a Giorgio? Anche se dopo vent'anni di amicizia c'era ormai una certa confidenza tra di loro, Giorgio lo aveva conosciuto dopo la liberazione dal carcere e sapeva poco del suo passato, delle sue sere a teatro nel palco di Ludovico Di Breme, dei pranzi dal conte Porro dove si discuteva più di economia e di politica che di poesia, dei suoi amori infelici, a questi amori del passato Silvio aveva accennato soltanto nelle sue conversazioni con Giorgio tanto che due anni prima l'amico si era stupito di questa contessa milanese che sembrava uscita fuori dal nulla con i suoi versi ingenui e appassionati e che era divenuta una sposa tardiva di Silvio.

Gian Giacomo Poldi Pezzoli,
nobile milanese di idee liberali,
cugino del conte Luigi Archinto

in un ritratto di Francesco Hayez.

21.DOMANI NELLA BATTAGLIA PENSA A ME
(Torino, 1850)

"Alle sue esequie intervenne tutta Torino Non mai s'era visto un più commovente e spettacolo. Solo chi abbia assistito ai nostri dì quelle del conte di Cavour può dire di visto altrettanto. Dallo sdegno in fuori contro clericali improntitudini che nella sepoltura di Santa Rosa contemperava il dolore del popolo Il Risorgimento ne diè conto notando con compiacenza infra gli altri ragguardevoli personaggi che facevano parte del convoglio anche l'ambasciatore di Francia signor Ferdinando Barrot. Al qual fatto non mancò il Risorgimento stesso di attribuire una certa significazione ed importanza politica. Valse quanto meno tal dimostrazione altrettanto quanto l'opposta della venuta del sig. Veuillot. Rimando pure alle effemeridi di quel tempo chi vedere le parole di sommo elogio e di compianto che uscirono dalla penna di ogni colore e di ogni partito politico ben s'intende i clericali. Senza dire del Risorgimento a cui tali sensi erano troppo naturali citerò l'Opinione e la Concordia particolarmente poi la già citata commemorazione necrologica nella Gazzetta Piemontese degli 8 agosto n 198 per l'egregio Giorgio Briano. (...) in tutta la vita egli ebbe a godere di un'eletta schiera di amici i quali non v ha esempio che sieno stati da lui trascurati od abbandonati o che gli abbiano disdetta la loro amicizia. Quale fra essi amici fosse il prediletto non saprei ora indicare precisamente Il mio giudizio pende tra Camillo

Cavour, il teologo Giambattista Reyneri e Silvio Pellico."
(Citazione tratta dal libro "Vita del cavaliere Pietro Derossi
Di Santarosa" pubblicato nel 1864 dal conte Filippo
Saraceno, nipote del Santarosa).

I funerali del conte Pietro Di Santarosa si erano svolti nella
chiesa di Sampiedarena e, nonostante il caldo di agosto, non
solo tutta la nobiltà piemontese, ma anche il governo al
completo e molti privati cittadini si erano riversati lì dentro.
"Vuoi che faccia un po' d'aria anche di fronte a te?" Aveva
chiesto Cristina a Silvio, agitando il ventaglio e aggiungendo:
"Qui dentro non si respira con tutte le persone che ci sono!"
"Pietro era benvoluto da tutti, per questo la Chiesa è gremita."
"Proprio per questo è un peccato che sia morto senza il
conforto del viatico solo perché il vescovo di Torino si è
impuntato per ragioni politiche."
"Non possiamo giudicare il comportamento del vescovo senza
sapere se ha preso da solo questa decisione o se ha ricevuto
indicazioni in tal senso da Roma per negare i sacramenti a chi
aveva votato le leggi Siccardi."
"Se c'entra la Santa Sede, allora questa non è la fine di una
battaglia, ma l'inizio di una guerra." Aveva osservato Cristina,
preoccupata.
Dopo quella risposta, era sceso tra loro il silenzio e, solo alla
fine della messa, Silvio le aveva detto: "Andiamo a casa."
"Non vuoi seguire il corteo funebre?"
"No, perché non mi sento bene. Speriamo soltanto che non mi
torni la febbre, visto che ho i brividi e sento freddo anche se
siamo ad agosto."
"Tu secondo me non hai freddo a causa della febbre, ma perché
poco fa stavi riflettendo sul fatto che, se l'anno scorso fossi

stato eletto in parlamento, avresti rischiato di fare la fine del povero Pietro."

Quando erano tornati a casa, Cristina aveva commentato: "Credo che abbiamo fatto bene a venire via perché l'atmosfera era piuttosto tesa e qualcuno si sarebbe potuto ricordare che alcuni mesi fa tu sei stato in carcere a trovare monsignor Fransoni."

"In realtà io sono stato a trovare il suo segretario il teologo Bruno Daviso che è imparentato con la famiglia Daviso di Chieri a cui sono molto legato tanto che io e Giuseppina chiamiamo la marchesa Daviso zia anche se propriamente non lo è."

"La famosa zia Daviso di Chieri che mi hai nominato spesso, ma che ancora non mi hai fatto conoscere!"

"Sì, proprio lei."

"Io non ho alcuna difficoltà a credere che la tua fosse solo una visita di solidarietà, ma prova a spiegarlo ad un folla esagitata e non ti farà neppure terminare la tua spiegazione!"

"Per questo io non amo tumulti e violenze." Aveva concluso Silvio che per non far preoccupare Cristina aveva evitato di dirle che all'uscita della messa nella calca qualcuno l'aveva riconosciuto e gli aveva detto: "Non vi vergognate di venire qui dopo aver firmato qualche mese fa una petizione per la liberazione dal carcere di monsignor Fransoni."

"Non è tenendo in carcere l'arcivescovo di Torino che si risolveranno certi contrasti."

"Il fatto che siete sopravvissuto alle carceri austriache non significa che sopravvivrete anche alle vostre viltà e ai vostri errori."

Silvio non aveva parlato di quell'episodio a Cristina, ma le aveva detto: "La marchesa di Barolo ha deciso di restare a

Torino per poter seguire meglio la situazione delle sue opere se dovessero scoppiare dei disordini e io resto qui accanto a lei, ma sarei più tranquillo se tu andassi al lago."
"No, Silvio, se tu resti a Torino, io resterò accanto a te."

"Per essere amabile non basta, NO, l' appendersi al collo del marito, E soffocarlo a furia di carezze. (Luigi Pellico, *La crisi del matrimonio*, commedia, 1824)

Silvio era convinto che dopo tanti anni di castità non sarebbe stato difficile per lui attendere l'annullamento del matrimonio di Cristina con il conte Archinto per stringerla tra le sue braccia, ma lei considerava il loro matrimonio civile come un matrimonio vero e quindi la sera era entrata nella camera di Silvio con indosso una vestaglia e senza alcun imbarazzo se l'era tolta di fronte a lui, mostrandosi completamente nuda.
Poi si era inginocchiata sopra di lui, gli aveva sbottonato la biancheria intima e aveva iniziato a far scivolare la lingua contro il suo sesso.
"Se ti fermi e ti rivesti, Cristina, possiamo ancora aspettare a condividere l'intimità, ma, se continui ad accarezzarmi così, io non credo che riuscirò ad allontanarti da me."
"E perché dovresti farlo? Ora sono tua moglie, che motivo abbiamo per rimandare ancora? Sono tanti anni che reprimi i tuoi desideri, comportandoti con me come un amico, non credi che la tua rinuncia sia già durata troppo a lungo?"
Da quel momento i ricordi di Silvio si confondevano, la mattina dopo si ricordava soltanto, infatti, delle labbra di Cristina che si stringevano attorno al suo membro e del fatto che aveva eiaculato nella sua bocca, ma ora quello che lo imbarazzava di più non era tanto il non essere riuscito ad

allontanare Cristina dalla sua stanza quanto la consapevolezza che la disinvoltura di Cristina gli faceva intuire che era abituata a lasciarsi andare liberamente nell'intimità con il conte Archinto.

"GIULIO: Amico avrammi sempre. IGINIA (guardandolo con amore) Amante mai?" (S. Pellico, Iginia D'Asti, tragedia)

Se da una parte Silvio era dispiaciuto di non aver avuto la fermezza necessaria per mantenere l'impegno di attendere anche il matrimonio religioso per lasciarsi andare con Cristina, dall'altra non poteva non ricordare con tenerezza il modo in cui Cristina lo aveva accarezzato sul petto la notte precedente chiedendogli: "Ti fa male se ti accarezzo così?"

"Come potrebbero farmi male le tue carezze?" Le aveva risposto Silvio, chiudendo gli occhi per assaporarle più intensamente.

"Non ti dimenticare che è la prima volta che ti vedo senza vestiti e il tuo petto sembra così magro e così fragile."

"Ho sofferto molto in carcere, Cristina, lo sai e, anche se le mie condizioni sono migliorate da quando sono stato liberato, non mi sono mai ripreso del tutto. Anche per questo ero restio a sposarti, immaginavo, infatti, che una volta che ci saremmo trovati nell'intimità, tu avresti provato per me solo un sentimento di compassione."

"Ti sbagli perché io ti desidero ancora altrimenti non avrei potuto fare quello che ho fatto poco fa."

"Mi dispiace di non essere riuscito a trattenermi, ma credo che di fronte a certe carezze nessun uomo ci riuscirebbe!"

"Se vuoi, io posso accarezzarti ancora nello stesso modo."

"No, Cristina, ora è meglio che ci riposiamo un po' tutti e due. Vieni qui e appoggia la testa sul mio petto. Siamo stati per tanti anni lontani e questa è la prima volta che posso tenerti così accanto a me."

Quando Cristina, incoraggiata da quelle parole, aveva appoggiato la testa sul suo petto Silvio aveva provato una fitta di dolore, ma per non farla spaventare aveva cercato di far finta di nulla e aveva atteso che quella sensazione si attenuasse. A poco a poco il dolore si era attenuato e Silvio aveva provato un senso di infinita tenerezza verso Cristina che aveva lottato a lungo per poter stare accanto a lui e adesso finalmente dormiva serena tra le sue braccia.

Il giorno dopo, mentre cercava i documenti relativi al suo divorzio da Giuseppe, Cristina aveva trovato una lettera diretta a Silvio da un padre cappuccino che si trovava missionario in Etiopia e che si mostrava dispiaciuto per il fatto che Silvio avesse a causa del suo matrimonio rinunciato alla professione come terziario francescano. Cristina non sapeva se affrontare o no l'argomento con Silvio, ma alla fine si era fatta coraggio e gli aveva chiesto: "Ci tenevi molto a diventare terziario francescano?"

"Si tratta di un cammino di fede per laici che ho intrapreso alcuni anni fa grazie a padre Massaja un cappuccino che è stato per un periodo il mio padre spirituale, ma non sono ancora riuscito a portarlo a termine."

"Mi dispiace che il nostro matrimonio sia stato in questo un ostacolo."

"Un cattolico non dovrebbe sposare una donna divorziata, questo lo comprendi anche tu, ma io ho fiducia che presto tu otterrai l'annullamento del tuo matrimonio con il conte Archinto."

"Lo spero anche io, ma nell'attesa non ricominciare a comportarti come se fossimo fratello e sorella invece che marito e moglie. Tu forse riusciresti a comportarti così, ma io no."

PIETRO DE ROSSI DI SANTAROSA.

"Torino ebbe nuovamente il triste spettacolo di un tumulto."
(Silvio Pellico, lettera alla sorella Giuseppina del 13 agosto 1850)

La Villa sul lago di Como dove è nato nel 1819 l'amore di Silvio e Cristina. Questa cartolina è di inizio '900, ma il luogo, oggi di proprietà del Fai, è rimasto sostanzialmente immutato da quando venne comprato dai conti Arconati nel 1821.

22.EPILOGO: A TORINO, IN INCOGNITA (Torino, aprile 1852)

"Mazzini in una lettera scritta da Londra il 31 gennaio 1838, in risposta alla madre mostra di essere al corrente di quanto aveva pubblicato fino a quella data il Pellico, ed esprime un giudizio generale. ... Io lo amo molto; ma mi noia quel suo continuo predicare rassegnazione, ed inerzia alla gioventù, risultato ultimo di tutte le cose sue: non si può certo, in

114

Torino dov'egli vive, predicar altro... " (Citazione tratta dal libro "Mazzini nella vita e nella storia")

Quando il figlio di Cristina era tornato a Torino, Silvio si era sentito in dovere di metterlo in guardia: "I vostri continui spostamenti potrebbero sembrare sospetti alla polizia piemontese, sempre che da Milano non abbiano già provveduto a mettere qualche spia al vostro seguito."

"Possiedo una proprietà qui in Piemonte, oltre ad aiutare mia madre nella conduzione della sua, quindi potrei giustificare senza alcuna difficoltà i miei viaggi."

"Anche io alla vostra età non mi rendevo conto delle imprudenze che commettevo e ho pagato per questo un prezzo non da poco."

"La vostra generazione ha fatto solo cospirazioni da salotto, in questo ha ragione mia zia, anche se non sono certo che quella di Roma sia l'unica Repubblica possibile, ma si può imparare anche dalle sconfitte, non credete?"

Silvio si rendeva conto che per il figlio di Cristina era solo un ex carbonaro convertito, uno che aveva sognato di liberare l'Italia dal dominio austriaco senza andare fino in fondo nelle proprie scelte rivoluzionarie, perciò, era inutile per lui rispondere alle sue critiche, ma nello stesso tempo Silvio si chiedeva come avrebbe potuto proteggerlo da decisioni che avrebbero potuto condurlo verso il carcere o l'esilio, troppi suoi amici erano già passati per quelle esperienze e Silvio non le avrebbe augurate a nessuno e soprattutto non le avrebbe mai augurate al figlio della donna che amava.

Dopo quella discussione Silvio aveva compreso meglio le difficoltà per Manzoni di andare d'accordo con il figlio del primo matrimonio della sua seconda moglie. Silvio di solito con i suoi modi gentili riusciva a farsi benvolere dai bambini, da Odoardo Briche ai figli del conte Porro di cui era stato precettore fino ai bambini delle sale d'asilo, ospitate a palazzo Barolo, ma con Cristina non si trovava di fronte un figlio ancora bambino, ma un uomo di ventisette anni con le proprie idee e i propri progetti di cui capiva che sarebbe stato molto più difficile guadagnare l'affetto e la fiducia.

Per questo, si era sentito sollevato quando un paio di giorni dopo il figlio di Cristina era andato a trovarlo a palazzo Barolo per scusarsi con lui.

"Nell'impeto di difendere le mie idee, ho mancato nei vostri confronti a quei doveri di cortesia che mia madre mi ha insegnato e di questo vi chiedo scusa, ma non posso condividere la vostra sfiducia e la vostra rassegnazione. Stiamo vivendo un momento decisivo per le sorti future della nostra patria in cui è necessario agire e non osservare soltanto il tutto da spettatore."

"Questo è giusto, ma non bisogna agire con violenza, dalle ingiustizie non può nascere la libertà."

Silvio sapeva bene che le sue posizioni e quelle del figlio di Cristina sarebbero rimaste distanti, ma gli bastava sapere che tra loro ci sarebbero stati cortesia e rispetto.

"Non posso prendere di più." Si era detto: "In fondo, per il figlio di Cristina io sono poco più che un estraneo."

A consolare Silvio delle tensioni degli ultimi giorni era giunta, però, Cristina di ritorno da Milano e lo aveva fatto davvero in modo inaspettato perché Silvio non immaginava certo che lei lo desiderasse ancora, nonostante la debolezza della sua salute e che, dopo avergli sfilato la biancheria intima, avrebbe stretto tra le dita il suo membro e lo avrebbe infilato nella propria bocca.

Di fronte a quel gesto Silvio aveva vissuto una sorta di corto circuito tra passato e presente e all'immagine di Cristina si era sovrapposta per lui quella della musicista milanese Carolina Negroni che quasi quarant'anni prima aveva compiuto nei suoi confronti lo stesso gesto.

All'epoca, Silvio frequentava salotti e teatri con Foscolo, ma soprattutto con suo fratello Luigi e con lo scrittore Pietro Borsieri e tutte e tre avevano le loro simpatie per musiciste ed attrici e provavano a corteggiarle, ma Silvio dei tre era il più basso e il più timido e così le sue conquiste scarseggiavano fino a quella sera in cui i suoi versi avevano conquistato Carolina che aveva deciso di fargli provare piaceri per lui ancora sconosciuti.[18]

Durante l'inverno 1851-1852 Silvio era stato a Roma e Napoli con la marchesa di Barolo, ma a rendere faticoso quel viaggio non erano state solo le sue condizioni di salute.

Quando era apparsa, infatti, su un giornale piemontese la notizia del suo matrimonio segreto con la Barolo, Silvio aveva provato un grande senso di amarezza, pensando non solo che si era sempre comportato in modo rispettoso e corretto nei confronti di Giulia proprio per evitare che qualcuno equivocasse, ma anche che Cristina con cui aveva discusso

---

[18] Nel 1883 venne pubblicata una poesia di Silvio Pellico indirizzata alla musicista Carolina Negroni e inoltre nelle lettere di Pietro Borsieri a Luigi Pellico sono frequenti i riferimenti anche ironici ad attrici e musiciste che si esibivano nei teatri di Milano tra l'epoca napoleonica e il periodo della restaurazione. Queste però erano probabilmente quelle che Ugo Foscolo in una lettera a Borsieri definì "passioncelle", ma poi negli anni seguenti Silvio si innamorò seriamente dell'attrice Teresa Marchionni arrivando a chiederle di sposarlo.

proprio prima della sua partenza da Torino avrebbe sofferto nel leggere quella notizia.

Senza aver commesso (almeno così gli sembrava) nulla di compromettente, si trovava ora a dover cercare la comprensione e il perdono di Giulia che gli era stata attribuita per errore come sposa e di Cristina che lo era veramente, ma di cui nessuno o quasi conosceva la sua antica relazione con lui, se non pochi cari amici degli anni milanesi.

"So che tu sei affezionato alla tua cameretta a palazzo Barolo, ma a me non dispiace che Giulia ti abbia chiesto di non dormire per un paio di mesi sotto il suo stesso tetto, per rendere più credibile la smentita della notizia del vostro presunto matrimonio,[19] almeno ti fermerai da me e potremo passare più tempo assieme! Quando ho letto la notizia del tuo matrimonio con Giulia ho avuto un tuffo al cuore e per un istante ho pensato che fosse vera e che tu pentito di avermi sposata solo civilmente avessi deciso di sposare Giulia in chiesa."

"Mi conosci da quarant'anni Cristina e mi credi capace di sposare te civilmente e Giulia in chiesa, ma che uomo sarei se mi fossi davvero comportato così?"

---

[19] Questa notizia non è una mia invenzione, ma la riporta il padre Ilario Rinieri nella sua biografia del Pellico, dicendo di averla saputa da una persona vicina allo scrittore. Considerando che la sorella di Silvio viveva a Chieri quando l'ho letta diversi anni fa mi era sembrata "ambigua" perché non capivo da chi potesse essere andato ad alloggiare Silvio a Torino in modo da continuare a collaborare con la marchesa di Barolo senza però dormire nella sua casa. Avevo pensato dunque a qualche caro amico come il conte Balbo senza comprendere però perché il Rinieri non aveva specificato da chi Silvio era stato ospitato. La reticenza del Rinieri diventa però comprensibile se è giusta la mia ipotesi ossia che la Barolo ha lasciato che Silvio stesse per alcune settimane da Cristina sapendo che tra loro non sarebbe accaduto nulla di discutibile moralmente. L'esilio di Silvio comunque durò poco perché nell'estate del 1852, come risulta dalle lettere alla sorella Giuseppina, Silvio era di nuovo alla Vigna Barolo con Giulia.

"Scusa, Silvio, ma di questi tempi si vedono anche persone che sembravano ragionevoli compiere scelte imprevedibili, perciò, a volte, si arriva a dubitare della correttezza di chiunque, anche di chi ci sta accanto e ci vuole bene."

"Ho sbagliato a dirti che il nostro era un matrimonio a metà, ma se sono stato a Roma, nonostante le mie precarie condizioni di salute, l'ho fatto anche per cercare di interessarmi alla tua causa di annullamento, così, finalmente, potremo sposarci in chiesa, quindi, sarebbe stato insensato da parte mia andare a Roma per sbloccare l'annullamento del tuo matrimonio e poi sposarmi con la Barolo."

"Perdonami, amore mio, se ho dubitato di te."

"Anche tu mi devi perdonare per non essere stato capace di farti capire quanto tengo a te in questi tre anni di matrimonio."

Incoraggiata da quelle parole, Cristina era scivolata con una mano tra le gambe di Silvio e aveva iniziato ad accarezzarlo.

"Io lo so che tu tieni a me, ma spesso ti comporti in modo così timido e distaccato nei miei confronti, possibile che nell'intimità ti senti ancora in imbarazzo nei miei confronti?"

"Io sono spesso malato, Cristina, lo sai e quando non si sta bene non è facile condividere l'intimità con un'altra persona, anche adesso mi sento addosso un po' di febbre e sono davvero stanco perciò stanotte preferirei dormire da solo."

"Come preferisci, non ti voglio certo obbligare a condividere l'intimità con me se non lo desideri, è spiacevole quando lo fanno gli uomini con la propria moglie e non vorrei a parti invertite costringerti stanotte a far l'amore con me!"

Quando Cristina si era alzata dal letto, si era messa la vestaglia ed era uscita dalla sua stanza Silvio aveva provato un senso di perdita, ma sapeva dentro di sé di non poter fare altrimenti

La mattina dopo era entrato però nella camera di Cristina al posto della sua cameriera, portandole un vassoio con sopra una tazzina di caffè ed un paio di biscotti, poi, dopo averla svegliata, l'aveva accarezzata sui capelli, dicendole: "Mi dispiace per ieri sera, ma per poter fare la professione come terziario francescano mi sono impegnato a vivere accanto a te in castità finché non ci saremo sposati anche in Chiesa."

"Ti sembra giusto aver deciso per tutti e due senza neanche chiedermi se ero d'accordo con te oppure no?"

"La scelta che ho fatto l'ho compiuta per ragioni morali, Cristina, non per farti un torto e credevo che tu l'avresti compresa e accettata."

"Hai lo stesso difetto che aveva Giuseppe, voi uomini prima decidete e poi pretendete che noi donne siano d'accordo con quello che avete scelto. D'altra parte sei tu che hai promesso di vivere in castità, non io, perciò, io potrei anche tornare a Milano e concedermi a Giuseppe che non aspetta altro oppure potrei concedermi a qualche giovane scrittore torinese, tra quelli che mi hai presentato ce ne sono un paio abbastanza gradevoli sia come aspetto sia come conversazione!"

"Se ho commesso degli errori nei tuoi confronti in questi tre anni di matrimonio, mi dispiace, ma non merito di essere trattato così da te."

"La verità è che tu sei un uomo fortunato e non te ne rendi conto perché, nonostante tutte le difficoltà che ho affrontato negli ultimi cinque anni per stare accanto a te, io ti amo e non sarei mai capace di tradirti."

"Mio caro Porro. In mezzo all' esecrabili e sciocche atrocità suscitate da Mazzini, ogni uomo dabbene poteva correre

qualche pericolo..." (Silvio Pellico, lettera al conte Luigi Porro del 12 febbraio 1853)

Un paio di giorni dopo il figlio di Cristina, il conte Luigi Archinto, si era presentato a palazzo Barolo, dicendo a Silvio: "C'è una persona che ha letto tutti i vostri libri e da tanto tempo desidera conoscervi di persona, sareste disposto a riceverla domattina se venisse qui assieme a me?"
"Prima di dirvi di sì, potrei almeno sapere chi è."
"Si tratta di una persona ricercata dalla polizia piemontese per cui per prudenza preferirei evitare di dirvi di chi si tratta."
"Secondo voi perché dovrei ricevere un ricercato mettendo a repentaglio non tanto la mia sicurezza quanto quella della marchesa Di Barolo?"
"Perché avete sempre ricevuto i vostri amici milanesi ricercati dalla polizia austriaca per aver partecipato alla rivoluzione del '48 e in più questo incontro potrebbe influire su decisioni che non riguardano la vostra vita direttamente, ma quella di persone a voi vicine."

La persona che Silvio si trovò nel proprio studio a palazzo Barolo il giorno dopo era Giuseppe Mazzini.[20] Non sappiamo

---

[20] Mazzini nell'aprile del 1852 si trovava in Italia per ragioni politiche (come ci dice la spia Giuseppe Favai di cui sono stati pubblicati di recente i rapporti redatti nel periodo 1852-1853 in cui ha viaggiato tra Londra e Parigi per seguire proprio gli spostamenti di Mazzini) e forse anche personali (la madre ormai anziana era gravemente malata e, infatti, morirà nella sua casa di Genova nell'agosto del 1852). Dunque è ragionevole pensare che da Genova Mazzini si sia recato a Torino e abbia fatto visita al Pellico introdotto dal conte Luigi Archinto e il fatto che nel 1852 Mazzini citi Pellico in un suo discorso confermerebbe questa ipotesi. Il discorso di Mazzini precederebbe l'incontro perché è del febbraio 1852, ma in quel periodo Mazzini pensava già di recarsi in Piemonte e Lombardia per farsi un'idea in prima persona della situazione e delle possibilità che c'erano di far scoppiare

cosa Mazzini e Pellico si siano detti in quell'incontro, ma se le perplessità di Silvio sui tentativi mazziniani non bastarono a far desistere Mazzini dal provocare un'insurrezione in Lombardia nel febbraio del 1853, salvarono però probabilmente due persone a lui vicine, il conte Luigi Archinto e il conte Giulio Porro che presero in tempo le distanze da alcuni loro amici milanesi come il conte Giovanni Visconti Venosta[21] e non vennero coinvolti in un tentativo represso fin troppo facilmente dalle autorità austriache.

---

un'insurrezione.

[21] Una schedatura degli amici e corrispondenti del conte Giovanni Visconti Venosta tra cui è compreso anche Luigi Archinto:
http://www.provincia.so.it/cultura/archivistorici/testi/archivi/Viscon/VENAU16.htm

La Contessa Confalonieri à piedi dell'Imperatrice d'Austria.

La contessa Teresa Casati Confalonieri che supplica l'imperatrice austriaca chiedendole di intercedere presso il marito affinché conceda la grazia al suo Federico. Nonostante la morte del loro bambino di appena cinque anni li avesse allontanati, Federico e Teresa erano probabilmente ancora legati l'uno all'altra, come testimoniano sia i versi di Pellico dedicati a Teresa sia le lettere che Confalonieri scrisse di nascosto alla moglie durante la detenzione. Nell'edizione del carteggio di Gino Capponi ho rintracciato una lettera del fratello di Cristina Archinto Trivulzio che comunica a Capponi la buona notizia, avuta dalla sorella in anticipo sulla comunicazione ufficiale, del permesso che gli austriaci avevano concesso nel 1840 a Federico Confalonieri di tornare a Milano. Questa lettera mi sembra una testimonianza interessante del fatto che Cristina fosse da una parte in contatto tramite il marito con le gerarchie austriache (altrimenti non avrebbe avuto la notizia in anticipo rispetto alla sua pubblicazione) e dall'altra fosse anche vicina ai patrioti in esilio, tanto da rallegrarsi dell'imminente ritorno di Confalonieri a Milano.

NOTA DELL'AUTRICE:
Amor di sospetti è fabbro è un verso di Silvio Pellico, Domani nella battaglia pensa a me è un verso di Shakespeare.

RINGRAZIAMENTI:
Alle scrittrici Laura Gay ed Ines Scarparolo per aver letto in anteprima alcuni stralci di questo libro.

Alla giornalista piemontese Fulvia Viola Barbero per aver condiviso in questi mesi i miei dubbi e le mie ricerche su Silvio Pellico.

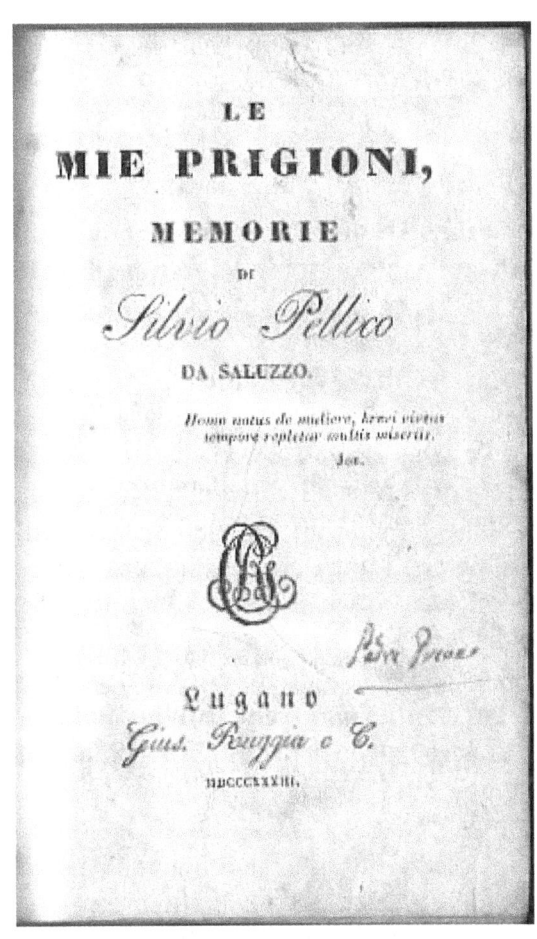

*Un'edizione "pirata" de Le mie prigioni stampata a Lugano
nel 1833. Spesso i libri proibiti nei territori sottoposti al
dominio austriaco venivano stampati in Svizzera o in Francia
e poi introdotti clandestinamente.*

BIBLIOGRAFIA RAGIONATA

LIBRI

AA.VV, "Vincenzo Gioberti", Milano, Dalai Editore, 2011. (collana dedicata agli autori del Risorgimento, formato kindle).

B. Allason, La vita di Silvio Pellico", Milano, Mondadori, 1933.

Tra le numerose biografie di Silvio Pellico pubblicate tra gli anni 50 dell'800 e gli anni 30 del '900 è stata quella che mi è piaciuta di più perché l'autrice è riuscita a trasformare lettere e testimonianze di e su Silvio Pellico in una narrazione fluida e realistica che ha il ritmo di un romanzo.

F. V. Barbero, "In viaggio con Silvio. Politica, donne e giustizia di un eroe del Risorgimento", Saluzzo, La Fusta editore, 2010.

Fulvia Viola Barbero insegnante e giornalista, saluzzese di adozione, ha dedicato a Silvio Pellico una biografia che racconta in capitoli brevi, ma ricchi di illustrazioni inedite, la vita di questo patriota e scrittore nei momenti cruciali della sua vita.
Attraverso luoghi, amicizie e amori emerge dalle pagine della Barbero un Pellico, realistico e quotidiano, dalla Saluzzo dell'infanzia alla Lione della sua prima formazione culturale

fino alla Milano dei salotti e dei teatri, ma anche delle cospirazioni politiche.

A questo punto si inserisce l'esperienza più dolorosa e nota: la lunga detenzione seguita dalla concessione della grazia, dal ritorno a Torino, dalla pubblicazione de Le mie prigioni e infine da una vita più "ritirata" ospite prima della propria famiglia d'origine e poi dell'accogliente dimora dei marchesi di Barolo e in particolare di Giulia dedita più alle opere caritatevoli che alla vita mondana.

Il libro è interessante e scorrevole, l'autrice ha lavorato principalmente sulle lettere indirizzate dal Pellico ai propri familiari (e in particolare al fratello Luigi che negli anni milanesi era stato il suo confidente di progetti letterari e politici, ma anche di delusioni amorose e momenti di disillusione e malinconia) e ce l'ha restituito nella sua personalità, anche se dal complesso delle lettere dello scrittore emerse in questi ultimi anni appare un Pellico degli anni post Spielberg più complesso e meno "pacificato" interiormente di come ci era stato tramandato.

P. Borsieri, "Avventure letterarie di un giorno e altri scritti editi e inediti", Milano, Edizioni dell'Ateneo, 1967.

Silvio Pellico il carcere, nonostante tutto quello che aveva sofferto, "fece bene" (se si può usare questa espressione) perché lo rese una persona più matura e riflessiva, in Pietro Borsieri, invece, 14 anni di carcere e 2 di esilio accentuarono un temperamento malinconico e dispersivo...

Dopo un inizio promettente: la sua tesi di laurea in legge era stata, infatti, pubblicata nel 1808 su interessamento di

Giandomenico Romagnosi che era uno dei suoi insegnanti all'università di Padova e gli incoraggiamenti di Foscolo, era arrivata per Borsieri la stagione del Concliatore condivisa con scrittori come Ludovico Di Breme, Camillo Ugoni e Silvio Pellico con cui Borsieri aveva anche un rapporto di amicizia... Purtroppo il fatto di lavorare in tribunale a Milano gli lasciava poco tempo per scrivere e così Borsieri aveva lavorato per anni ad una trilogia di testi teatrali dedicati alla vita di Torquato Tasso il cui manoscritto sparì all'epoca del suo arresto nel 1822 e non sappiamo ancora oggi se giace dimenticato in qualche archivio o se sia andato irrimediabilmente perduto... Tornato dall'esilio riprese l'attività di traduttore dall'inglese e lavorò a diversi progetti che però non riuscì a portare a termine, come un testo di cui parla in una lettera a Costanza Arconati chiedendosi se è possibile raccontare lo stato morale non solo di un individuo, ma di un'intera città, nel caso di Borsieri, la Milano degli anni '40 dell'800 in cui stentava ormai a riconoscersi...

Nel 1848 le Cinque Giornate di Milano gli restituirono per qualche mese il coraggio e e le illusioni della giovinezza tanto da arruolarsi volontario nella prima guerra di indipendenza e da passare due anni in esilio a Torino... le lettere a Costanza Arconati sulla politica piemontese dagli errori di valutazione di Massimo D'Azeglio alla buona fede di Gioberti che sconfina (secondo Borsieri) nell'ingenuità sono uno spaccato interessante di un periodo confuso in cui secondo lo scrittore gli italiani (soprattutto chi ricopriva incarichi politici) riuscirono con i loro errori e le loro leggerezze a far naufragare definitivamente le ultime speranze rimaste e poiché, come scrisse a Costanza, i dolori piccoli producono molte parole, ma quelli gravi ne producono poche, l'epistolario di Borsieri si chiude in questa edizione con un'amara lettera del 1850 indirizzata proprio a Costanza, sua amica e confidente negli anni dell'esilio statunitense come di quello torinese... e probabilmente per un breve periodo nel 1839 la "dolce" Costanza era stata anche sua amante tanto che Giammartino Arconati nascerà 9 mesi esatti dopo l'arrivo di Borsieri nel castello di Gaesbeck in Belgio ospite proprio dei coniugi Arconati...

Per questo spero di poter approfondire in futuro la figura e l'epistolario di Borsieri che dalle pagine di questa raccolta di testi emerge senza dubbio come una figura interessante...

C. Cantù, "Il Conciliatore e i carbonari. Episodio", 1878 (scaricato integralmente da google libri).

Grazie al suo temperamento attivo e intraprendente Cesare Cantù è riuscito tra gli anni '30 e gli anni '40 dell'800 ad entrare in contatto e in alcuni casi anche in confidenza con molti scrittori della prima generazione romantica e grazie a questi contatti è entrato in possesso o ha comunque potuto accedere anche a documenti personali in particolari lettere di Pellico, Manzoni, Camillo Ugoni, etc.

Questo libro, pubblicato a fine '800, ricostruisce proprio attraverso le lettere dei protagonisti e anche alcuni rapporti di informatori della polizia (e per questi non so Cantù come ha fatto ad ottenerli visto che nell'epoca post unità d'Italia si trovavano all'archivio di stato di Milano e non erano di così facile accesso!) le vicende della rivista Il Conciliatore attraverso dei brevi capitoli dedicati ai suoi finanziatori e redattori dal conte Luigi Porro a Silvio Pellico, da Ludovico di Breme a Pietro Borsieri... fino alla chiusura della rivista e all'arresto di molti dei protagonisti di questa breve e "movimentata" stagione letteraria e politica.

L. Cibrario (a cura), "Le feste torinesi dell'aprile 1842" (scaricato integralmente da google libri).

Dopo cinque anni che non pubblicava nulla Pellico venne convinto (credo dalla marchesa di Barolo) a comporre e soprattutto pubblicare un'ode dedicata alle nozze del futuro re Vittorio Emanuele II, questo libro racconta nei dettagli i festeggiamenti svoltisi a Torino nel 1842 per le nozze reali... con tanto di omaggio ai reali sposi di due odi una appunto del Pellico e l'altra di Felice Romani: "Finita questa lieta offerta madamigella di Pollone declamò la quinta strofa d un Ode di Silvio Pellico che si porrà qui appresso e poscia avanzatesi le damigelle Gazzelli di Rossana e Martin di S. Martino la prima offerì sopra un cuscino di velluto turchino ricamato in oro due esemplari delle poesie scritte per queste auspicatissime nozze dai celebri Silvio Pellico e cav Felice Romani la secoilda sopra un cuscino di velluto bianco la Descrizione di Torino del sig cav Davide Bertolotti."

V. Gioberti, "Opere complete. A cura di G. Massari", (scaricato integralmente da google libri).

Id., "Opere inedite e carteggio. A cura di G. Massari", (scaricato integralmente da google libri).

Nell'edizione del carteggio del Gioberti ci sono diverse lettere inviate a Gian Gioseffo Boglino tra cui quella del 1848 di cui io ho riportato un brano. Il Boglino appare però anche tra i corrispondenti del Pellico, la mia impressione è che cercasse di restare in amicizia con entrambi anche se come idee era più progressista del Pellico e più vicino negli anni 1848-1852 alle posizioni di Gioberti.

L. Lajolo, "Angelo Brofferio e l'unità incompiuta. La biografia intellettuale di un democratico nel Risorgimento", (scaricato parzialmente da: http://www.150.provincia.asti.it/index.php?option=com_co ntent&view=article&id=54:angelo-brofferio-e-lunita-mancata&catid=11:novita&Itemid=27)

Avvocato, giornalista e autore di commedie teatrali, amico dell'attrice Carlotta Marchionni (e forse qualcosa in più), nemico di Cavour e vicino alle idee mazziniane, ma senza essere un ammiratore incondizionato di Mazzini, Brofferio appartenne alla corrente democratica e repubblicana, minoritaria nel nostro Risorgimento... e infatti Brofferio come giornalista e scrittore, nonostante avesse un buon rapporto con il re Carlo Alberto, si scontrò spesso con la censura piemontese... Brofferio era una persona dal temperamento esuberante e spontaneo come attesta il suo libro di memorie intitolato Ai miei tempi e pubblicato in parecchi volumi tra il 1859 e il 1863... Sicuramente come tutti gli autori risorgimentali di autobiografie scelse cosa raccontare e cosa omettere del proprio passato, ma la sua resta comunque una testimonianza vivace e dettagliata sulla storia del Piemonte in epoca risorgimentale..

M. V. Marini Clarelli (a cura), "Ottocento. Da Canova al Quarto stato", Milano, Skira, 2012.

Un libro da sfogliarte e ri-sfogliare passando dai ritratti ai quadri di genere storico, dal neoclassicismo di Canova e Palagi al romanticismo di Hayez, dai paesaggi lombardi di Canella e degli Scapigliati alla Toscana dei Macchiaioli fino ai persoggi di estrazione popolare del Quarto Stato di Pellizza Da Volpedo che chiude il volume... E' interessante anche il passaggio sociale dai nobili dei ritratti di inizio '800 ai borghesi delle opere della metà del secolo fino agli strati sociali più bassi che iniziano ad apparire nella pittura di fine secolo...
Qualche piccola imprecisione c'è, ma in un volume così corposo e complesso ci può anche stare...

F. Pellico, "A Vincenzo Gioberti", 1845 (scaricato integralmente da google libri).

Francesco Pellico era il fratello minore di Silvio Pellico oltre ad essere padre provinciale dell'ordine dei Gesuiti... all'inizio degli anni '30 dell'800 era stato, però, un sacerdote diocesano con un incarico a corte al pari di Gioberti di cui era coetaneo ed amico... lo stesso Silvio Pellico molti anni dopo racconterà in una lettera che, uscito dal carcere, aveva conosciuto Gioberti proprio perché era amico del fratello... nel 1833-1834 le strade dei due amici però si separano bruscamente perché Gioberti viene arrestato e poi rilasciato, ma costretto all'esilio, mentre Pellico (Francesco) vinte le resistenze dei genitori e le critiche di altri amici di idee liberali (come il padre dell'oratorio di S. Filippo Gian Gioseffo Boglino) entra nell'ordine dei Gesuiti...

12 anni dopo Gioberti nei Prolegomeni al Primato pubblicati a Bruxelles e Parigi nel 1845 critica pesantemente l'ordine dei Gesuiti provocandone la loro inevitabile risposta di difesa... giudicare a distanza di 170 anni circa chi avesse ragione non è facile perché bisognerebbe conoscere bene la storia della Chiesa e tutti gli episodi citati da Gioberti e dai suoi avversari e non ho una competenza così specifica... la mia impressione di studiosa della letteratura risorgimentale è che in realtà questa polemica fosse ciò che affiorava all'esterno di tensioni interne alla Chiesa che stava vivendo un periodo difficile tra innovazione e conservatorismo... e soprattutto era in gioco la conciliazione tra liberalismo e cristianesimo che nel 1843 il Primato di Gioberti sembrava aver rafforzato e che invece naufragherà pochi anni dopo... cosa era in gioco in questo secondo ambito lo si comprende secondo me leggendo il carteggio Arrivabene-Massari entrambi amici di Gioberti, ma soprattutto il primo nobile liberale della generazione coinvolta nei fatti del 1820-21, amico di Pellico, Berchet, Confalonieri e dei coniugi Arconati, che dal suo esilio belga aveva la capacità di guardare con passione, ma con anche col giusto distacco la realtà italiana...

S. Pellico, "Epistolario. Raccolto e pubblicato a cura di Guglielmo Stefani", 1856.

A soli due anni dalla morte del Pellico venne pubblicata la prima edizione del suo epistolario... si tratta di poco più di 300 lettere che coprono principalmente il periodo successivo alla liberazione dal carcere. Il curatore ricevette le lettere da amici e familiari del Pellico, ma le pubblicò in modo non sempre corretto a livello filologico, tagliando ciò che sembrava troppo personale e delicato, essendo ancora vive molte delle persone destinatarie delle missive o citate nella lettere... questo ha comportato che negli anni successivi sono state pubblicate molte altre edizioni parziali ad integrazione di questa... e fino a pochi anni fa nessuno aveva messo mano in modo sistematico ad un'edizione delle lettere scritte dal Pellico dopo il 1830... in dieci anni di ricerche io ho rintracciato e trascritto circa 800 autografi del Pellico, tra lettere e poesie, per cui la miaa edizione, divisa in più volumi ha lo scopo di sostituire le edizioni ottocentesche riproponendo le epistole del Pellico senza tagli, complete di indirizzo del destinatario (quando presente) e di note relative ai personaggi citati...

"La marchesa Giulia Falletti di Barolo nata Colbert. Memorie", 1864. (scaricato integralmente da google libri).

Un po' agiografico, ma senza esagerare... in realtà più che agiografico è delicato nel senso che Pellico come era nel suo temperamento racconta i fatti in modo veritiero, ma senza scendere troppo nei particolari, per esempio, non affronta il fatto che Giulia e il marito non avessero avuto figli e come avessero superato questo dispiacere oppure non fa i nomi delle persone di Torino che nel 1848-49 in pieno periodo rivoluzionario avevano criticato anche pesantemente la Barolo...

Id. "Opere scelte nella traduzione francese della scrittrice cattolica madame Woillez pubblicata a Tour nel 1846", (scaricata integralmente da google libri).

Id., "Per l'opera della propagazione della fede. Inni", (scaricato parzialmente da google libri)

Dopo la pubblicazione di due corposi volumi di cantiche nel 1837 Pellico aveva perso nel giro di un anno entrambi i genitori e si era trasferito a vivere a palazzo Barolo... questo cambiamento aveva influito sul suo stato d'animo, ma anche sulla sua vita quotidiana perché soprattutto dopo la morte del marchese Tancredi Pellico si era sentito in dovere di aiutare con più costanza e impegno la vedova Giulia nelle sue numerose opere di carità... nello stesso tempo suo fratello Luigi si era trasferito a Chieri e aveva rinunciato a quelle passioni letterarie che aveva unito i due fratelli Pellico fin dall'adolescenza... questa serie di avvenimenti può spiegare un silenzio durato 4 anni interrotto prima da questa piccola pubblicazione e poi nel 1842 dall'ode per le nozze del futuro re Vittorio Emanuele II...

F. Saraceno, "Vita del cavaliere Pietro Derossi Di Santarosa", 1864 (scaricato integralmente da google libri)

Non sono riuscita a trovare una biografia recente di Pietro Di Santarosa, però, ho trovato questa pubblicazione del 1864 che fa parte di una collana pubblicata a Torino negli anni '60 dell'800 che raccoglieva le "vite dei piemontesi illustri". Il conte Filippo Saraceno che l'ha scritta era nipote del Santarosa e nel suo libro ne descrive la vita e gli studi. Una volta laureatosi in legge presso l'università di Torino, una volta messa da parte la possibilità di dedicarsi alla carriera diplomatica, si era dedicato alla poesia e agli studi di storia medievale pubblicando un apprezzato libro sulla rivolta dei

Ciompi e infine aveva intrapreso una carriera politica che lo aveva portato ad essere nel 1850 ministro dell'agricoltura nel governo D'Azeglio. La scelta dell'arcivescovo di Torino mons. Franzoni di negare il viatico perché aveva dato il suo voto alle leggi Siccardi scatenò a Torino un'indignazione tale da far scoppiare una rivolta pochi giorni dopo del funerale del Santarosa nell'agosto del 1850-

Resta il fatto che la situazione era più complessa di come può apparire a prima vista, ad aprile, infatti, quando era stato gravemente malato, Santarosa si era confessato e aveva ricevuto il viatico che gli verrà negato solo pochi mesi dopo. L'indignazione popolare venne fomentata anche dagli articoli pubblicati in quei giorni da diverse riviste torinesi e in particolare da un articolo del conte Di Cavour sulla rivista Il risorgimento. Mons. Fantini vescovo di Fossano e amico del Santarosa non condivideva la posizione intransigente del suo collega torinese che, però, a sua volta non aveva fatto tutto di testa propria, ma aveva semplicemente interpretato in senso restrittivo le indicazioni ricevute dalla Santa Sede.

In conclusione, Santarosa ebbe un funerale religioso nonostante non avesse ricevuto il viatico, mons. Fantini scrisse alla vedova Luisa (il Santarosa nel 1850 aveva solo 45 anni, una moglie ancora giovane e un bambino ancora piccolo) per esprimergli il suo rammarico e la sua vicinanza e mons. Fransoni finì prima in carcere e poi in esilio a Lione, con il papa in persona che accusò il Piemonte di aver violato il concordato del 1828, abolendo il foro ecclesiastico come prevedevano le leggi Siccardi.

INTERNET:

http://www.rosmini.it/Resource/CentroStudi/Carteggio%20Cav our%20Rosmini%2002.pdf

http://emeroteca.provincia.brindisi.it/Archivio%20Storico%20 Pugliese/1948/1948%20fasc.%201%20articoli/LettereInediteD iGiovanniArrivabene.pdf

Lettere famigliari: Volume 1
    books.google.itSilvio Pellico, Celestino Durando - 1876 - Visualizzazione snippet
    Magna, voce piemontese che vale zia. La sig. Daviso non era propriamente zia di Silvio, ma ed egli e la Giuseppina la chiamavano con (questo nome)...
    Altre edizioni
Lettere inedite di Silvio Pellico al P. Raimondo Feraudi ...
    books.google.itSilvio Pellico, Celestino Durando - 1876 - 201 pagine - Visualizzazione snippet
    Silvio Pellico Celestino Durando. **Ti prego anche di esprimere la mia gratitudine a Madamigella Daviso zia, per le attenzioni d' amicizia che ha per mia sorella.**
Compendio di omeopatia - Pagina 55
    books.google.itGuido Granata - 1990 - 239 pagine - Anteprima
    Da evitare quindi nelle cure con questi rimedi specifici, il caffè va comunque limitato nel corso di una cura omeopatica. Per la sua azione sulla mucosa orale, non bisogna bere caffè per un'ora prima e dopo l'assunzione di qualsiasi rimedio.

(QUESTO SPIEGA PERCHE' IL DOTT. PIETRO FIORETTA MEDICO OMEOPATICO CHE DAL !849 CURAVA LA MARCHESA DI BAROLO, MA ANCHE PELLICO, AVESSE PRIMA PROIBITO A SILVIO E POI FORTEMENTE LIMITATO L'USO DEL CAFFE', UNA RINUNCIA FATICOSA PER PELLICO CHE ERA ABITUATO A PRENDERE IL CAFFE' A DIGIUNO APPENA ALZATO E QUANDO ERA GIOVANE ANCHE LA SERA TARDI PER POI PASSARE LA NOTTE A SCRIVERE).

Storia della omeopatia in Italia: storia antica di una terapia moderna - Pagina 148

> books.google.itAlberto Lodispoto - 1987 - 320 pagine - Anteprima
> molta capacità e dottrina troppo presto rapito ai viventi; a questi gli succede il medico Demichelis, che **parimenti con zelo e dottrina presta gratuitamente la sua benefica opera, come al ritiro della signora Marchesa di Barolo il Dott. Fioretta.**

Rodolfo Vantini e l'architettura neoclassica a Brescia: atti del ...

> books.google.it1995 - 334 pagine - Visualizzazione snippet
> sorella di Rodolfo Vantini, 1 lettera, s.d. Giovanni Vaschini, 3 lettere, 1855 Luigi Venegoni, 1 lettera, 1856 Giovanni ... 1848-1849 e s.d. conte Teodoro Lechi, **2 lettere, s.d. Carlotta, Cecilia, Teresa Marchionni, circa 55 lettere, con schizzi,** ...

Atti: Volumi 110-111

books.google.itIstituto veneto di scienze, lettere ed arti - 1953 - Visualizzazione snippet

[1848] H tuo aff.mo Paleocapa X Torino, 9 dicembre [1848] **Caro Vantini, La Carlotta, che ebbe la tua lettera, mi scrive di salutarti, e che ti risponderà.** Lascio perciò a Lei di informarti di quel che è toccato alla Nina ed alla famiglia di Gustavo...

Rodolfo Vantini architetto (1792-1856)

books.google.itLionello Costanza Fattori - 1963 - 216 pagine - Visualizzazione snippet Si ha l'impressione che Vantini coll'inizio del terzo decennio del secolo, cambi vita, cambi carattere. ... come "Prima donna", **Carlotta orfana di padre a pochi anni, strabiliava le Suore Orsoline di Verona alle quali era stata affidata, improvvisando scenette e ... Il suo spirito e il suo fisico ormai minati dall'amore infelice per Rodolfo e dagli strapazzi per i lunghi anni di ininterrotto lavoro in ogni parte d'Italia..**

L'ATTRICE CARLOTTA MARCHIONNI HA AVUTO UNA STORIA D'AMORE POCO NOTA CON L'ARCHITETTO BRESCIANO RODOLFO VANTINI, UNA STORIA CHE IN MOLTI A TORINO IGNORAVANO TANTO CHE LA SUA ALLIEVA PREDILETTA L'ATTRICE ADELAIDE RISTORI SCRISSE NELLE PROPRIE MEMORIE CHE CARLOTTA AVEVA CONOSCIUTO LE SOFFERENZE

D'AMORE SOLO SULLA SCENA, IN REALTA'
CARLOTTA AVEVA AVUTO DUE AMORI
IMPORTANTI NELLA SUA VITA: LO SCRITTORE
LUDOVICO DI BREME E APPUNTO L'ARCHITETTO
VANTINI, OLTRE AD ESSERE STATA
CORTEGGIATA DAL COMMEDIOGRAFO ANGELO
BROFERIO E DALL'EGITTOLOGO IPPOLITO
ROSELLINI E DA DUE AMICI DI PELLICO: GIULIO
CAPONAGO E PIERO MARONCELLI.

Liszt viaggiatore europeo: il soggiorno svizzero e italiano di ...
books.google.itCesare Simeone Motta - 2000 - 168
pagine - Visualizzazione snippet
**il soggiorno svizzero e italiano di Franz Liszt e
Marie D'Agoult, 1835-1839** Cesare Simeone Motta
... né, contento della derisione, intacca, in tal modo,
l'onore delle famiglie che ben l'accolsero; e **si
permette insolenti ironie su la pazienza uxoria del
conte Archinto che, quando il palco di sua moglie
è pieno di ganimedi, si ch'egli non ci capisce più,
va a gustare la musica in un altro palco, cioè a
dormire.**

Donne e amori del Risorgimento
books.google.itAntonietta Drago - 1960 -
295 pagine - Visualizzazione snippet
**cugina dell'altra più famosa Cristina
Trivulzio principessa di Belgioioso, che
indubbiamente avrebbe compiuto grandi
cose anche lei se per avventura non fosse
diventata la sposa del conte Archinto.**

Geloso e di idee assai ristrette...

SU CRISTINA ARCHINTO TRIVULZIO E IL MARITO
NON CI SONO MOLTE TESTIMONIANZE E IN PIU'
SECONDO ALCUNI (IN PARTICOLARE SECONDO LO
STORICO RAFFAELLO BARBIERA) IL CONTE
GIUSEPPE ARCHINTO ERA GELOSO DI CRISTINA E
NON VOLEVA CHE ANDASSE A TEATRO DA SOLA ,
MENTRE SECONDO ALTRI E IN PARTICOLARE
SECONDO LA TESTIMONIANZA DEL
COMPOSITORE LISTZ GIUSEPPE SAREBBE STATO
ABBASTANZA TOLLERANTE CON LA MOGLIE CHE
ERA CONSIDERATA UNA DONNA AFFASCINANTE,
TANTO CHE NEL 1837 VENNE CORTEGGIATA
ANCHE DA BALZAC NEL SUO SOGGIORNO
MILANESE. IO CREDO CHE LA VERITA' STIA NEL
MEZZO OSSIA IL CONTE ARCHINTO TOLLERAVA
UNA CERTA GALANTERIA DA SALOTTO
ABUTUALE ALL'EPOCA PURCHE' CRISTINA NON SI
FACESSE DAVVERO UN AMANTE O NON
DECIDESSE DI SEPARARSI LEGALMENTE DA LUI
COME AVEVA GIA' FATTO LA SUA PIU' FAMOSA E
DISCUSSA CUGINA.

Giovanni Battista Gigola: committenti e opere - Pagina 115
books.google.it/books?id=tqgLAQAAMAAJ
Chiara Parisio, Giambattista Gigola - 2002 - Visualizzazione
snippet
Il 7 novembre 1819 Cristina venne unita in matrimonio per
procura al conte "per motivo di viaggio dimorante in
Vienna", rappresentato da Albero Litta, "nell'oratorio

privato di Casa Trivulzio" (Registro dei matrimoni della parrocchia di Sant'Alessandro, Tav. n. 63)

Altri link e riferimenti utili:

Life, letters and journals of George Ticknor: Volume 2
books.google.itGeorge
Ticknor
, George Stillman Hillard, Anna Eliot Ticknor - 1909
- Visualizzazione snippet
Pellico was gentle and pleasant, but talked little, and I could not help marking the contrast between his conversation and the grave, strong, manly conversation of Count Balbo, as well as the gay, lively of Mad. de Barolo.
Altre edizioni

Life, letters and journals of George Ticknor: Volume 2
books.google.itGeorge Ticknor, George Stillman Hillard, Anna Eliot Ticknor - 1909 - Visualizzazione snippet
Pellico is a small, commonplace-looking man, about fifty years old, gentle, modest, and quiet in his manners; his health still feeble, but not bad, from his long confinement; and with a subdued air, which shows that the spirit within ...
Altre edizioni
Byron--child of passion, fool of fame

Voyage en Turquie et en Perse exécuté par ordre du gouvernement ...: Volume 1 - Pagina 52

http://milano.repubblica.it/dettaglio/dietro-il-disegno-vincenzo-monti-ritrovati-i-versi-inediti-del-poeta/1600283

Il Monti, già anziano all'epoca dei fatti, è l'incontrastato aedo della scena milanese, dopo che anche il rivale Ugo Foscolo ha ormai preso la via dell'esilio per Londra. Il Principe Gian Giacomo Trivulzio, letterato studioso di Dante, è sposato con la bella e mondana Beatrice Trvulzio, nata Serbelloni. «Il salotto di Bice, come la chiamavano gli amici — spiega Mazzocca — era per Monti una seconda casa». Molto care al vecchio Monti erano anche le quattro giovani Trivulzio. Per le nozze di Cristina con Giuseppe Archinto, compone nel 1819 Il ritorno d'amore al cespuglio

delle quattro rose. «Le quattro rose sono ovviamente le figlie Trivulzio, esattamente come nei versi sul retro del disegno del Migliara ("Questi, usciti del cor, versi scrivea / Fra quattro Rose assiso, ed una Dea") in cui la dea è Bice, e che probabilmente sono stati composti l'anno successivo al matrimonio».

Epistolario (1819-1866): Volume 1
> books.google.itMassimo d' Azeglio, Georges Virlogeux - 1987 - Visualizzazione snippet
> **A proposito d'interdizione ti darò una nuova che corre a Milano vera o falsa non so. Si dice che il governo abbia ricevuta una lettera anonima che domandava l'interdizione d'Archinto3: ed era ragionata in modo che si è dovuto prenderla sul serio...**
> Altre edizioni

Storia di Milano: Volume 14
> books.google.itGiovanni Treccani degli Alfieri (conte) - 1960 - Visualizzazione snippet
> **Si tratta dello stesso conte Giuseppe Archinto di cui altri ha scritto: «Costui era uno strano personaggio; « apparteneva all'antico patriziato milanese, e andava di- « lapidando un grande patrimonio ... Visconti Venosta, Ricordi di gioventù**

http://www.lombardiabeniculturali.it/archivi/unita/MIUD062378/

http://www.cultura.toscana.it/architetture/giardini/firenze/villa_
ventaglio.shtml

http://www.tuscancoast.org/site/dettaglio-
arte.asp?KeyArte=1207

http://rassegnastampa.unipi.it/rassegna/archivio/2009/07/15SIG
3199.PDF

http://aristos.mbigroup.it/search/index.php?id=53062&entita=F
onte

http://www.archiviodistato.firenze.it/ceramellipapiani2/index.p
hp?page=Famiglia&id=287

http://www.provincia.so.it/cultura/archivistorici/testi/archivi/Vi
scon/VENAU16.htm

http://www.abruzzoinmostra.it/letteratura/tettoni_01/PAGE008
9.HTM)

http://www.google.it/url?sa=t&rct=j&q=%22luigi%20archinto
%22&source=web&cd=160&cad=rja&ved=0CFMQFjAJOJY
B&url=http%3A%2F%2Fwww.bibar.unisi.it%2Fsites%2Fww
w.bibar.unisi.it%2Ffiles%2Ftesti%2Ftestiqds%2Fq40%2F04.p
df&ei=58EwULDtHMrb4QTFwYDYAw&usg=AFQjCNETP6
bRbjwEtWa8FodaV4sjVka28g

http://www.lombardiabeniculturali.it/archivi/unita/MIUD07A3
30/

The foreign quarterly review - Volume 9 - Pagina 506
books.google.it/books?id=zX8AAAAAYAAJ
1832 - Leggi - Altre edizioni
Silvio Pellico, the author of Francesca da Rimini and of Eufemio da Met- sinu, who has passed several years in prison on ... has lost also a zealous worshipper as well as patron of learning, in the person of the Marquis Gian Giacomo Trivulzio,

Nuova antologia - Volumi 439-441 - Pagina 150
books.google.it/books?id=VnxdAAAAMAAJ
Francesco Protonotari - 1947 - Visualizzazione snippet - Altre edizioni
DI SILVIO PELLICO Per la partecipazione del Pellico alle polemiche sul romanticismo, alle sedute preparatorie in casa ... (dei cui figli, Giulio e Giacomo, è precettore), s'incontra con una giovinetta Trivulzio, una cugina di Cristina di Belgioioso.

Vincenzo Monti nella cultura italiana - Volume 1,Parte 2 - Pagina 892
*books.google.it/books?isbn=8832360373*Gennaro Barbarisi - 2006 - Visualizzazione snippet - Altre edizioni **l'istruttoria della polizia austriaca sull'implicazione seria del marchese Trivulzio nel complotto di Confalonieri, che il Monti a sua volta non poteva certo fingere di ignorare dopo aver viaggiato lungo il Po suìì'Eriaano accanto a Silvio Pellico,**

Il Risorgimento italiano - Volume 5 - Pagina 430
books.google.it/books?id=DnUkAQAAIAAJ
1912 - Visualizzazione snippet - Altre edizioni

Allora anche i Trivulzio palpitarono per i pericoli cui si trovarono esposti i loro amici, e scrivendo al cugino, lo misero a parte delle loro ansie per la sorte del Confalonieri, del Porro, del Pellico e degli altri compromessi.

Espistolario ... - Pagina 240
books.google.it/books?id=qF49AAAAYAAJ
Silvio Pellico - 1919 - Visualizzazione snippet
Silvio Pellico. i letterati alcuni nemici acerrimi. Costoro hanno la bassezza di far circolare versi anonimi contro di lui, ... Piacciavi di ricordarmi alla Contessa Archinto ed alle altre indulgenti persone che mi conservano qualche benevolenza.

La bella figlia del lago: cronaca intima del matrimonio fallito di ... - Pagina 22
books.google.it/books?id=wPsJAQAAIAAJ
Mino Mulinacci - 1978 - Visualizzazione snippet
cronaca intima del matrimonio fallito di Giuseppe Garibaldi con la **marchesina** Raimondi, rigorosamente ricostruita sulla ... con **Silvio** Pellico, **in una lettera da Parigi a Camillo Casati, il 19 giugno 1838, scrive: « Salutami Salazar, i Trivulzio...**"

Secondo un tale Favai che si fingeva mazziniano, ma in realtà era una spia austriaca il figlio della nostra Cristina nel marzo 1852 si trovava a Torino:
"Mazzini è arrivato jeri sera da Londra a Parigi; egli parte domani per la Svizzera ed il Piemonte, e non sarebbe difficile che volesse venire anche nel Lombardo-Veneto. Egli almeno ne avrebbe l'intenzione, ma mi disse che agirebbe secondo le circostanze, ovvero secondo gli avvisi che gli daranno il

Marchese Ala-Ponzoni ed il Co: Annoni2, i quali ricevono ogni giorno corrispondenze riservate da Milano, e quindi possono dargli notizia sul maggiore o minore pericolo ch'egli correrebbe venendo a Milano o in Venezia, dove egli avrebbe molto desiderio di andare. Oggi egli deve accordarsi con Manin e con Pepe sulle differenze insorte pel Regolamento della Società dei Franco-Muratori, perché egli vuole portare con sé quel Regolamento approvato dal Comitato di Parigi, onde farlo vedere ai suoi Amici di Piemonte, e metterlo subito in esecuzione: Terzaghi che è ritornato in Lombardia è incaricato di sentire la pubblica opinione e di riferire al Co: Archinto (il figlio)3 che è in Torino se fosse il caso d'introdurre subito quella Società Segreta nel Lombardo Veneto."

Incollo anche la nota:

Luigi, figlio di Giuseppe Archinto (1783-1861) famoso mecenate e di Cristina Trivulzio (la "marchesina Trivulzio" di cui s'innamorò Silvio Pellico) Luigi Archinto partecipò attivamente alle Cinque Giornate di Milano

Tutti i rapporti del Favai su Mazzini del 1852-1853 si possono leggere nella seguente pubblicazione scaricabile gratuitamente:

http://www.cresverona.it/attachments/article/29/UNA%20SPIA %20SULLE%20TRACCE%20DI%20MAZZINI.pdf

SILVIO PELLICO E GEGIA MARCHIONNI:

Silvio Pellico a Venezia (1820-1822) - Pagina 32
books.google.it/books?id=FbQvAQAAMAAJ
Giovanni Sforza, Diputazione di storia patria per le Venezie,
Venice - 1917 - Visualizzazione snippet - Altre edizioni
**Il 2 di settembre il promesso sposo scrive alla " cugina „
Carlotta: " Ama "il tuo fratello Silvio ed ama (non solo pei
meriti di essa, ma " anche per amor mio) l' adorata mia
Gegia. Il suo affettuosissi" mo cuore è pieno di tenerezza
per te**

http://www.prolocopecetto.it/il-nostro-territorio/monumenti-storici/

http%3A%2F%2Fviadellebelledonne.wordpress.com%2F2008
%2F05%2F18%2Fgli-amori-di-silvio-
pellico%2F&ei=g7M0UNOUM-
iF4gTAg4DgAQ&usg=AFQjCNE1XQoX8eZtszjVtD1exGBgz
TWxvQ

http://library.duke.edu/rubenstein/findingdb/mazzoni_E-403-
IX/

http://www.google.it/url?sa=t&rct=j&q=silvio%20pellico%20
%20gegia%20marchionni&source=web&cd=22&cad=rja&ved
=0CEsQFjABOBQ&url=http%3A%2F%2Fwww.archive.org%
2Fstream%2Flemieprigionieda00pelluoft%2Flemieprigionieda
00pelluoft_djvu.txt&ei=urQ0UMeJHYeP4gSl-
YDwCw&usg=AFQjCNFjtPG6TzzbztUtQPjxpbyqxXnLFw

(Le opere di Silvio Pellico nell'edizione curata da Egidio Bellorini)

http://www.artedelleparole.com/2012/03/silvio-pellico.html

www.museotorino.it/resources/pdf/books/255/files/.../page014 4.pdf

http://linfoart.blogspot.it/2012/04/1813-amor-2.html

http:// www.targatocn.it%2F2012%2F03%2F05%2Fsommario%2Fbr a-e-roero%2Fleggi-notizia%2Fargomenti%2Feventi%2Farticolo%2Funa-mimosa-da-silvio-pellico-alle-sue-concittadine.html&ei=Vbk0ULf5Ms3S4QSv2oDwBA&usg=A FQjCNEO1DrWdzoh79GmW7HZNUbS4hXDJA

Miscellanea
books.google.it1907 - Visualizzazione snippet
Nella primavera del 1820 era tornata a Milano, per darvi un corso di recite, Carlotta Marchionni. Il Pellico, frequentandone i ricevimenti e gli artisti, ebbe modo di conoscere una giovane cugina di Carlotta, certa Teresa Bartolozzi, anch'essa attrice della compagnia, dalla quale era chiamata col familiare nome di Gegia. La Gegia, tutta vivacità e brio, e pur ... del loro figliuolo 12
LA VITA DI SILVIO PELLICO.
Altre edizioni
Silvio Pellico

books.google.itFederico Ravello - 1954 - 303 pagine - Visualizzazione snippet
Sulle prime, la Gegia non parve affatto corrispondere al caldo affetto di quel gracile e pallido amante, che, per giunta, si mostrava così timido e ... 23). comunicavano ogni notizietta, che potesse giovare ai comuni interessi, ogni 82 Silvio Pellico.
Altre edizioni

Testimonianzo, Racconti Di Sé, Memorie : Il Non-Detto E Il Lavoro: ... - Pagina 79
books.google.itBeatrice Barbalato - 2009 - 182 pagine - Anteprima
25 Cf. **Silvio PELLICO, Le mie prigioni. Memorie di Silvio Pellico da Saluzzo, a cura di Aldo A. MOLA, Foggia, Bastogi, 2004. 26 Pensiamo anche alla totale mancanza di ogni riferimento alla donna amata da Pellico, la Gegia. (IN REALTA' PELLICO NON LA NOMINA MAI NEL SUO LIBRO DI MEMORIE, MA ALLUDE A LEI IN ALCUNI PASSI E IN PARTICOLARE QUANDO PARLA DELLA CARROZZA CHE PARTENDO DA UDINE AVEVA SEGUITO IL MEZZO IN CUI SI TROVAVA CON MARONCELLI E LE GUARDIE AUSTRIACHE DIRETTO VERSO LO SPIELBERG)**

http://ilnumerozero.com/navigando/sai-che/222-gli-schiaffi-celebri.html

Apriamo con lo schiaffo che Ferdinando II, re di Napoli, assestò a sua moglie Maria Cristina di Savoia. Fu così eclatante da provocarne un altro degno di essere ricordato.

La vicenda si svolse nel salotto torinese della baronessa Olimpia Salvio, dove la nota attrice Gegia Marchionni (allora fidanzata di Silvio Pellico), nel sorprendersi del poco regale gesto del dinasta delle Due Sicilie, chiese come erano andate le cose all'ambasciatore del re di Napoli presso la corte piemontese, anch'egli ospite della Salvio. Questi non esitò a confermarle l'indiscrezione e Gegia esclamò: "Ma come si fa a dare uno schiaffo a una donna, che per giunta è una sovrana?"; "Signorina mia, *se ffa accusì!*", replicò l'ambasciatore imitando scherzosamente il gesto sulla guancia di lei. E Gegia ? Seppe essere all'altezza della sua fama replicando: "E la regina non gli ha risposto così?", affibbiando uno schiaffo al suo spavaldo interlocutore il quale preso alla sprovvista incassò tacendo.

VERSI DI SILVIO PELLICO PER CARLOTTA MARCHIONNI:

Sulle ridenti scene e sulle eccelse / Chi cotanto fulgesse Italia ignora / Dai trionfi perenni ella si svelse / Quando fosse più grande è dubbio ancora.

Questi versi sono tratti da una rivista del 1840 e vennero pubblicati assieme a quelli di altri scrittori dell'epoca in onore della Marchionni quando decise di ritirarsi ancora relativamente giovane dalle scene.

LE AMMIRATRICI FRANCESI DEL PELLICO:

Giornale storico della letteratura italiana: Volume 150

 books.google.it1973 - Visualizzazione snippet
Si pone qui la prima lettera di Silvio Pellico a **Louise Colet** che è datata 5 novembre 1841 ed è tuttora conservata fra gli ... Je veux lui écrire ì mon tour et ie semi charmée, Monsieur, si vous pouviez adresser ma lettre à votre correspondant qui ...
Altre edizioni

Giornale storico della letteratura italiana: Volume 150
books.google.it1973 - Visualizzazione snippet
Si pone qui la prima lettera di Silvio Pellico a Louise Colet che è datata 5 novembre 1841 ed è tuttora conservata fra gli autografi del ... Madame, Mr Quesneville me fait parvenir des vers trop beaux dont vous m'avez honoré me croyant mort. ... La personne de Turin qui vous avez envoyé mes vers sur Silvio Pellico les a remìs fidèlement à mon héros et i'ai recu hier de lui une lettre de remerciement.
Altre edizioni

Rassegna storica del Risorgimento
www.risorgimento.it/rassegna/index.php?id=33919...Copia cache
Sì conserva pure nella Biblioteca reale di Bruxelles questa terza lettera, che il Pellico inviò alla poetessa **Agata Sofia Sassernò**, nàta a Nizza nel ... Camment vous rentercier de tout ce que vous me faites Vhonneur de me dire dans votre lettre...

Correspondances Tome IV. - Poesies.net
www.poesies.net/**georgesand**correspondance4.txt<u>Copia cache</u>
- <u>Traduci questa pagina</u>
Votre lettre, votre fragment de lettre cité dans les journaux est une pensée .... Il y a un point de vue plus vaste et plus humain que l'étroite piété de Silvio Pellico.

<u>Silvio Pellico a Venezia (1820-1822)</u>
books.google.it<u>Giovanni Sforza</u>, <u>Diputazione di storia patria per le Venezie, Venice</u> - 1917 - 320 pagine - Visualizzazione snippet
J' ai bien fait de ne pas envoyer cette lettre. Au reste, on m' écrivit de Paris que madame Récamier avaitpersua dé Chateaubriand qu' il se faisait du tort s' il m' attaquait. Depuis lors, personne ne m' a dit qu'il ait écrit contre moi.
<u>Altre edizioni</u>

<u>Piero Maroncelli...: Prefazione del sen. Luigi Sturzo</u>
books.google.it<u>Angeline Helen Lograsso</u> - 1958 - 327 pagine - Visualizzazione snippet
Voici la dernière lettre que je reçois de lui. C'est le ...
Madame de Broglie, avec sa grandeur d'âme et sa bonté naturelle, veut s'occuper déjà de la souscription aux oeuvres de Pellico. ... 74 Il récit, secondo il Fabretti, è il libro del Pellico.

<u>L'athée - Pagina 145</u>
Nessuna books.google.it<u>Sophie Pannier</u> - 1836 - Google immagine eBook gratis - <u>Leggi</u>

di copertina	de Silvio Pellico, qui venaient de lui tomlter sons la main ; je faisais honneur à cette femme en la supposant capable d'une faiblesse. Comme il achevait cette pensée, madame de V illermont entra, encore émue par les réflexions dont il avait été le sujet. ... Mais revenant à ses premiers soupçons, il attribua à la lettre dont il était dépositaire l'émotion que la comtesse éprouvait , et s'empressant de raconter ...

Altre edizioni

Catherine Thérèse Woillez, autrice di romanzi e traduttrice di Pellico:
http://etienne.galle.free.fr/Portraits/01-Descuret/Legende-Lucien-Descuret-081.html

AMICI E CORRISPONDENTO FRANCESI DEL PELLICO:

Le P. d'Alzon et l'Assomption
www.assomption.org/Ressources/.../Cahier5.pd... - Traduci questa pagina
Formato file: PDF/Adobe Acrobat - Visualizzazione rapida
Monsieur votre frère a promis à Madame La Marquise de Barolo qu'il viendrait demain ... Copie et transcription de la lettre de Silvio Pellico (1789-1854)

Full text of "L'aube romantique; Jules de Rességuier et ses amis ...

155

www.archive.org/.../lauberomantiquej00lafouo...<u>Copia cache</u> - <u>Traduci questa pagina</u>
Voici une lettre adressée par lui à ce prélat, un peu après la Révolution de i848, qui ... **Je conserve de vous et de tout votre cœur, de tout votre esprit, de toute votre .... Silvio Pellico, Montalembert, A. deFalloux,le montrent chrétien humble**

<u>La prison romantique: Silvio Pellico, Stendhal</u>
www.lsdh.ch/wp.../Pellico-et-Stendhal.pdf - <u>Traduci questa pagina</u>
Formato file: PDF/Adobe Acrobat - <u>Visualizzazione rapida</u>
Gérard de Nerval, Stendhal et, en Italie, par Silvio Pellico. Au-delà des différences qui ...ton sérieux, pour ne pas dire pédant. Pour le premier le .... magique »,10 Camus y fait recours, à la lettre près, dans « L'étranger ».

<u>Persée : Un groupe milanais ami de Stendhal : le Conciliatore</u>
www.persee.fr/.../ahess_0395-2649_1954_nu...<u>Simili</u> - <u>Traduci questa pagina</u>
di A Renaudet – 1954
Le programme fut rédigé par Pietro Borsieri, ami de Pellico et de Ludovico di Breme... En fait, bien plus que vers les lettres italiennes ou étrangères, les rédacteurs du ... plusieurs articles d'un ton sévère; cet ecclésiastique milanais n'hésite pas..

<u>Joseph Magnin et le siège de Paris</u>
www.deroussiaux.eu/.../siegeparis.htm<u>Copia cache</u> - <u>Traduci questa pagina</u>

Ton père vient de m'apprendre à l'instant que nous sommes bloqués et que les trains ne ... Pour bien comprendre les dernières lignes de la lettre, il faut se rappeler qu'après ..... **Le soir, je lis Silvio Pellico en italien avec Monsieur de Mongeot.**

L'Ottocento: - Volume 2 - Pagina 925 - Risultati da Google Libri
books.google.it/books?isbn=882990838X
Armando Balduino - 1990 - Italian literature - 1469 pagine
(poi in Critici romantici, Roma 1979); C. Dédéyan, **Des lettres de Silvio Pellico à Jules Canonge**, in «Travaux de linguistique ed de littérature», XIII, 1975, 2,

http://fr.wikisource.org/wiki/Po%C3%A8tes_et_romanciers_m odernes_de_l%E2%80%99Italie_-_Silvio_Pellico
-Adello, au contraire, est une espèce de Cid italien qui s'illustre par de hauts faits pour combattre un amour coupable, car son Héloïse était mariée:
Inutil culto!
Inutil, non, giacchè sublima il core!
Il sauve la fille du roi Bérenger des fers d'un usurpateur, délivre Venise, Amalfi, et meurt comme Bélisaire. Il y a dans ce dernier poème quelques vers qui pourraient bien être un reproche indirect adressé au peuple italien :
Ah ! in molti petti è l'ira, il desio in tutti
Della vendetta, la virtù in nessuno!
Bien que se rapprochant, par le cadre et le sujet, du romance espagnol, la cantica de Silvio en reste bien loin quant à la vigueur, à l'originalité, à la concision. Elle est

écrite en vers blancs, versi sciolti, les plus difficiles de tous à cause de leur facilité même.

http://fr.wikisource.org/wiki/Les_%C5%92uvres_et_les_Hommes/Les_Philosophes_et_les_%C3%89crivains_religieux_(1860)/Silvio_Pellico

SILVIO PELLICO E FELICIA GIOVIO :

Ricerche storico-critico-scientifiche sulle origini, scoperte, ... - Pagina 381 - Risultati da Google Libri
books.google.it/books?id=vAnncigVyKEC
Giacinto Amati - 1828
... e ben con piacere, a gloria dell' italiana cultura, citerò le signore   marchesa
donna Felicia Giovio-Porro, di ottime lettere fregiata e non peregrina in Parnaso.

http://www.classicitaliani.it/foscolo/prosa/foscolo_lettera_a_Francesca_Giovio.htm

Milano, 8 ottobre 1819 alla Marchesina Felicia: "Le donne sole fanno prodigi, non me ne maraviglio: sono creature fra l'angiolo e l'uomo. E' un vero prodigio il suo, ottima Felicia, d'avere indotto il modesto, il ritroso Peopenti a farmi un così bel regalo. Quei versi sono realmente buoni, e annunziano un anima calda di sentimento e dotata di un gusto fino. Scrivo al gentile poeta di vincere tutti gli ostacoli e di coltivare la sua felice disposizione alla poesia. (…) Milano è un turbine vorticoso che aggira gli uomini senza lasciarli in posa mai. E' impossibile qui d'essere poeta. Si può ben essere operatore, critico, politico, tutto ciò che non innalza la fantasia sino al bello ideale, ma questo bello ideale, - la poesia - oh per attingerla ci vuol pace campestre, solitudine, compagnia tranquilla! Grumello! Grumello! Tu avrai sovente le mie rimembranze e il mio desiderio! (...)".

Peopenti è in realtà Perpenti secondo marito di Felicia

Lettere milanesi (1815-'21)

books.google.itSilvio Pellico
- 1963 - 518 pagine - Visualizzazione snippet
Silvio Pellico. [a Felicia dei Conti Giovio] Milano, 7 settembre 1819. Marchesina Pregiatissima, Che dirà di me? Avermi mandato un bellissimo sonetto da aggiungere ne' miei souvenirs, un sonetto contenente il più delicato, il più santo de' ...
Altre edizioni
Gazzetta di Milano
books.google.it1893 - Visualizzazione snippet
UNA LETTERA DI SILVIO PELLICO Invano si ricerca nell'epistolario di questo illustre piemontese, vuoi raccolto in volume, vuoi ... Avermi mandato un bellissimo sonetto da aggiungere ne' miei souvenirs, un sonetto contenente il più delicato, il più santo de' pensieri ... intendo l'obbligo religioso di recitare spes non il rosario, non l'ufficio — ma i bei sone di cui Ella, signora Marchesina, mi ha fat dono.
Gazzetta di Milano
books.google.it1893 - Visualizzazione snippet
Avermi mandato un bellissimo sonetto da aggiungere

ne' miei souvenirs, un sonetto contenente il più delicato, il più santo de' pensieri — avermi scritto una seconda volta — e sempre cose si gentili, si lusinghiere — e ricevere così tardi una ...

Altre edizioni

Gazzetta di Milano

books.google.it1893 - Visualizzazione snippet

UNA LETTERA DI SILVIO PELLICO Invano si ricerca nell'epistolario di questo illustre piemontese, vuoi raccolto in volume, vuoi sparsamente pubblicato, ... Avermi mandato un bellissimo sonetto da aggiungere ne' miei souvenirs, un sonetto contenente il più delicato, il più santo de' pensieri — avermi scritto una seconda volta — e sempre cose si gentili, si lusinghiere **—** e ricevere così tardi una risposta.

Altre edizioni

Lettere milanesi (1815-'21)

books.google.itSilvio Pellico - 1963 - 518 pagine - Visualizzazione snippet

Silvio Pellico. Tolta — e sempre cose sì gentili, sì lusinghiere — e ricevere così tardi una risposta. Oh, Silvio, non pili Silfo, ma silvestre, sel-vatichissimo ! rozzo ! scortese ! Mi ... Ma forse non sono reo. ... quella a cui mi sottometto; è un guiderdone deliziosissimo — intendo l'obbligo religioso di recitare spesso con il rosario, non l'ufficio — ma i bei sonetti di cui Ella, signora Marchesina, mi ha fatto dono.

Altre edizioni

160

ALTRI RIFERIMENTI UTILI SUGLI AMORI DI PELLICO E SUL SUO PRESUNTO MATRIMONIO :

Benét's reader's encyclopedia
*books.google.it*Bruce Murphy, Bruce Murphy - 1987
- 1091 pagine - Visualizzazione snippet
747 Pellico, Silvio that he is already married and has no serious intentions, she determines on revenge but, won over by the naivete and charm of Mrs. Vane, renounces her purpose. Peirce, Charles [Santiago] Sanders (1839- 1914) American ...
Altre edizioni

The Household narrative of current events - Pagina 42
*books.google.it*Charles Dickens - 1852 - Google eBook gratis - Leggi
The Marchioness Falletti di Barolo has married, at Rome, her librarian, the celebrated Silvio Pellico. Dr. Charles Nicholson, speaker of the legislative council of New South Wales, has received from her Majesty the honour of knighthood.
Altre edizioni

The Gentleman's Magazine: Volume 196 - Pagina 547
*books.google.it*1854 - Google eBook gratis - Leggi
Pellico was a lamentable victim of this system ; his long seclusion and sufferings within the dread walls of ... or two since that he was married — a report which the poet indignantly denied as

calumnious to the character of the lady.
Altre edizioni

Opere scelte - Pagina 338
*books.google.it*Silvio
Pellico
- 1837 - 478 pagine - Google eBook gratis - Leggi
Un matrimonio può solo essere felice a questo
patto; ciascun de' due sposi dee prescriversi per
primo dovere questa inalterabile risoluzione : «
Voglio amare ed onorare per sempre il cuore cui ho
data padronanza sul mio.
Altre edizioni

LA MIA EDIZIONE DELL'EPISTOLARIO DI SILVIO
PELLICO:

Questo libro oltre che sui libri e sui link già citati è basato
anche sulle lettere di Pellico, in parte già edite, in parte
inedite che sono riuscita a rintracciare e pubblicare, in
particolare per il periodo raccontato sui seguenti libri:

S. Pellico, "Lettere a Vincenzo Gioberti (1843-1845)",
Raleigh, Lulu.com, 2011.

Id., "Lettere agli ex compagni di carcere Alexandre
Andryane, Pietro Borsieri e Piero Maroncelli", Raleigh,
Lulu.com, 2011.

Id., "Lettere al padre somasco Antonio Bottari, al vescovo
di Asti mons. Filippo Artico e all'abate Antonio Rosmini.

Nuova edizione con l'aggiunta di tre lettere al vescovo di Montepulciano Claudio Samuelli", Raleigh, Lulu.com, 2012.

LA PRIMA EDIZIONE DI "TEMPESTE NEL SILENZIO" NEI COMMENTI DI LETTORI ED ALTRI SCRITTORI:

SAMANTA CATASTINI: Ultimi anni di vita dello scrittore Silvio Pellico dove la malattia mina non solo la sua salute fisica, ma anche il precario equilibrio mentale. Dopo decenni di amore non corrisposto l'amata Cristina Archinto Trivulzio, appena ricevuto il consenso al divorzio in terra svizzera, decide di sposare il sofferente Silvio. L'affetto amichevole della donna si trasformerà in amorevole rispetto per un uomo che tenta invano di nasconderle la gravità del suo malanno; la tisi. Nel frattempo tanto sono gli accadimenti storici a cui entrambi assisteranno non solo come spettatori, ma anche come silenziosi attori. La raccolta critica si conclude proprio con il misterioso incontro di Pellico con Mazzini, durante il quale, ancora oggi, non sappiamo cosa si siano detti o consigliati a vicenda. Come sempre Cristina dimostra il suo attento studio ai fatti dell'epoca e a scritti a noi sconosciuti. Un'ottima ricostruzione di fatti e personaggi che hanno fatto l'Italia attuale. (Samanta)
http://libreriarosaitaliana.wordpress.com/2013/03/01/tempeste-nel-silenzio-ed-lulu-com-di-cristina-contilli/

IRENE ZANETTI: Cristina è in grado di scrivere (e questo romanzo non è da meno) libri che racchiudono sia la precisione dei saggi che la magia dei romanzi. In questo in particolare racconta i dubbi e i problemi amorosi, ma non solo, di Silvio Pellico, portando il lettore a conoscenza di fasi e sfumature poco conosciute della sua vita. Consigliato agli appassionati di storia.

M.P.BLACK: Cristina Contilli ha uno stile di scrittura incisivo e scorrevole, che arriva subito al cuore dei lettori. E anche con questo romanzo non si smentisce. Racconta, in fase romanzata, una delle fasi meno conosciute della vita del grande Silvio Pellico, tra i suoi amori, dubbi, incertezze e problemi di salute. Il titolo del libro è azzeccatissimo, in quanto Pellico per parecchi anni della sua vita ha vissuto dei tempestosi tormenti dell'animo, in assoluto silenzio, che poi solo in età avanzata si sono affievoliti, consentendogli di vivere in pienezza il suo grande amore di sempre. La Contilli, poi, ha svolto un'indagine davvero accurata per scrivere questo romanzo, come fa sempre, d'altronde, senza lasciare nulla al caso. Bello, da leggere!

MARIA GIOVANNA MARCHIORI: Un buon lavoro di documentazione anche se mancano le traduzioni, in italiano, dei brani in francese presenti nel testo. (A questa mancanza ho rimediato nella presente edizione inserendo in nota la traduzione di tutte le citazioni in francese)

MAHARET: Romanzo consigliato a coloro che amano le biografie,in chiave romanzata l'autrice racconta passioni,malinconie,amicizie di Silvio Pellico, un personaggio storico che può davvero stupire, una vita di luce e ombre raccontata con uno stile scorrevole, preciso nei riferimenti storici(interessanti le citazioni e i documenti presenti nel romanzo), una descrizione "viva" di un periodo storico, l'800,carico di fascino.

LAURA GAY: In questo biografia romanzata La Contilli ci racconta gli ultimi anni di vita si Silvio Pellico, anni caratterizzati dalla malattia, ma anche dal coronamento di un sogno d'amore. Finalmente, infatti, la tanto amata Cristina, che era andata in sposa a un altro uomo, nel periodo della gioventù, ottiene il divorzio e può convolare a nozze segrete con l'illustre scrittore. L'autrice descrive l'amorevole affetto con cui questa donna lo assiste, nei periodi bui della malattia.
Ottimi lo sfondo storico e i dialoghi, anche se avrei preferito una parte descrittiva più accurata.
Credo che un testo del genere sia ottimo per la rappresentazione teatrale, proprio per l'abbondanza di dialoghi.
Consiglio questo libro a chi vorrebbe approfondire questa parte della vita di Pellico perché molto accurata.

http://www.anobii.com/books/Tempeste_nel_silenzio/9781291
239812/01c6d82bd297b52f99/

ALTRI DOCUMENTI UTILI PROVENIENTI DALL'ARCHIVIO STORICO DEL COMUNE DI SALUZZO:

Un giornale del 1849 che parla in termini positivi della scelta di Pellico di accettare la candidatura a deputato del Parlamento piemontese, una candidatura su cui c'erano stati giudizi contrastanti come dimostra la citazione che introduce uno dei capitoli di questa biografia.

Una stesura della cantica Le Chiese diversa da quella andata in stampa, nei versi dedicati a Cristina Trivulzio si può notare che la parola donna è stata cancellata e sostituita con il più innocente amica del Signore per cui il verso "in alta donna io ponendo consolante speme" è diventato "in quella Amica del Signore ponendo io speme".

Un'immagine destinata ad un'edizione illustrata de Le mie prigioni in cui si legge l'appunto del Pellico: "da ridurre di un terzo circa nel formato 12 per 8 e mezzo"

Un'illustrazione della Chiesa dello Spielberg come si può intuire non solo dall'architettura austera, adatta alla chiesa di una fortezza / carcere, ma anche dalla posizione dell'organo descritta sia da Pellico sia da Andryane nei rispettivi libri di Memorie.

Una poesia d'amore inedita di Silvio Pellico piena di cancellature e correzioni, in particolare la prima quartina che inizia con i versi "Chi nell'anima mia si nasconde / Amore antico / O vaghezza fantastica del canto" è stata riscritta diverse volte...

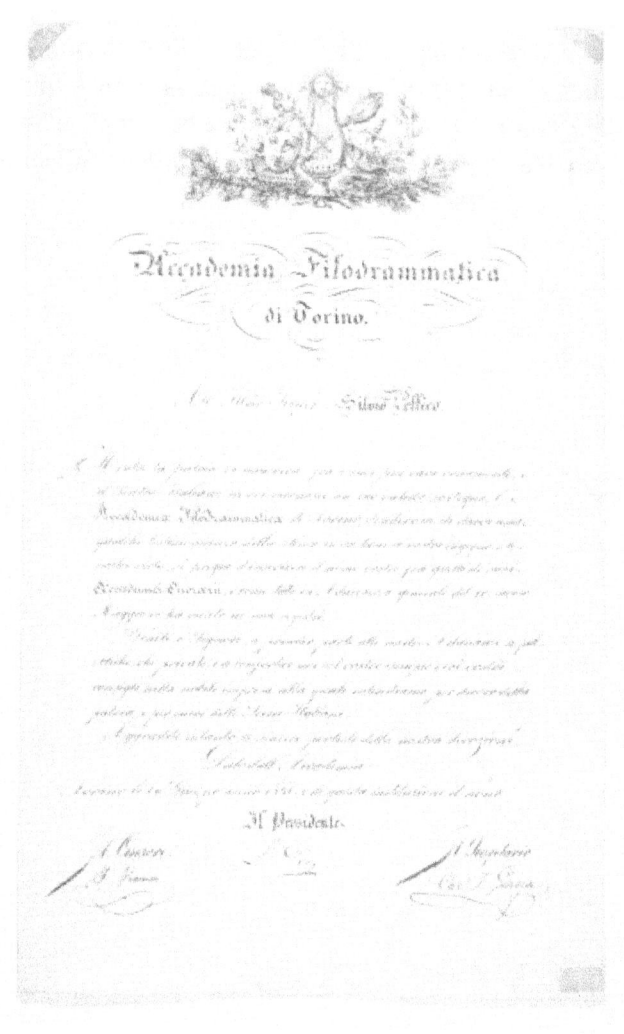

La nomina di Silvio Pellico a socio dell'Accademia
Filodrammatica di Torino.

172

L'ultima pagina del testamento di Silvio Pellico dettato alla sorella Giuseppina pochi giorni prima di morire in cui vengono fatti piccoli lasciti a personaggi che appaiono anche in questa ricostruzione biografica da don Pietro Ponte cappellano della marchesa di Barolo al medico Fioretta fino ad un lascito più generico da dividere tra tutta

173

la servitù che lavorava a palazzo Barolo e che Pellico ringrazia per la "buona volontà e l'affezione" dimostrata nei suoi confronti.

ALTRI RIFERIMENTI BIBLIOGRAFICI RELATIVI
A CRISTINA ARCHINTO TRIVULZIO:

«Ti lascio con la penna, non col cuore». Lettere di ... - Pagina 419
https://books.google.it/books?isbn=8866551295
Eleonora Rinuccini, Neri Corsini, Cristina Badon - 2012 - Anteprima
Eleonora Rinuccini, Neri Corsini Cristina Badon ... Evelina 363 Trieb, Francesco 231, 250 Trivulzio 107, 241, 290, 293, 334, 344, 349 **Trivulzio Archinto, Cristina 88, 162, 249, 270** Trivulzio, Cristina, principessa di Belgioioso 248

Costruiti per passione - Pagina 327
https://books.google.it/books?isbn=8897792146
AA. VV. - 2013 - Anteprima
Così Silvio Pellico, in una sua lettera descrive la nobildonna Cristina Trivulzio. Il patriota racconta di ... Le attese del Pellico però s'infrangono, perché la sua amata nel novembre dello stesso anno sposa il conte milanese Giuseppe Archinto.

[PDF]Lettres de Silvio Pellico
booksnow1.scholarsportal.info/ebooks/oca7/46/.../lettresdesilvi op00pell.pdf
rappeler au souvenir de la comtesse Archinto et aux autres personnes qui ont la bonté de me garder quel- que bienveillance.

La Speranza: giornale degli interessi italiani - Edizioni 62-181
https://books.google.it/books?id=cZQsAAAAYAAJ
1848 - Leggi
**Cristina Archinto Trivulzio. ... SVIZZERA Lugano 29
maggio — Cento venti Polacchi, giuntivi in tre trasporti, si
trovano in Lugano, avviati per la Lombardia ove accorrono
ad offrire anche all'Italia l' olocausto delle loro vite
generose.**

Le Livre revue mensuelle ... - Volume 6 - Pagina 34
https://books.google.it/books?id... - Traduci questa pagina
1885 - Visualizzazione snippet - Altre edizioni
**... la femme que j'aime, je l'aime d'autant plus qu'elle ne
me gène en rien, mais qu'au contraire elle m'excite au
travail. ...** Cette lettre, datée de Rome, 19 octobre 156o, est
adressée au prévôt de Saint-Abbondio, à Crémone, et contient
une notice autographe de Silvio Pellico : 5oo fr. ... lettres
autographes au Père Bouhours ; correspondance contenant
d'intéressants détails sur la famille Bussy-Rabutin

Lettere al figlio (1829-1862) - Pagina 425
https://books.google.it/books?isbn... - Traduci questa pagina
Costanza Azeglio (marchesa d'), Vittorio Emanuele Tapparelli
Azeglio (marchese d'), Daniela Maldini Chiarito - 1996 -
Visualizzazione snippet - Altre edizioni
**Pellico 10 est aussi malade et plus chétif que jamais. On m'a
dit, je ne sais si c'est vrai, que Confalonieri était venu le
voir. Celui-ci est remarié** 11 et à ce qui paraît avec une sœur
d'Amélie Crog, nièce de Mme de Juel
Nuova antologia - Volumi 439-441 - Pagina 150

https://books.google.it/books?id=VnxdAAAAMAAJ
Francesco Protonotari - 1947 - Visualizzazione snippet - Altre edizioni
DI SILVIO PELLICO Per la partecipazione del Pellico alle polemiche sul romanticismo, alle sedute preparatorie in casa ... (dei cui figli, Giulio e Giacomo, è precettore), **s'incontra con una giovinetta Trivulzio, una cugina di Cristina di Belgioioso.**

http://www.lombardiabeniculturali.it/archivi/unita/MIUD11190E/

Guide du voyageur en Italie: contenant la description ... - Pagina 108
https://books.google.it/books?id=WGlKAAAAYAAJ
Ferdinando Artaria (e figlio, Milan.) - **1858** - Visualizzazione snippet
Palais Archinti, rue de la Passion: architecture récente de Ucsia: on y voit de vastes et riches appartenons, une collection de tableaux , de gravures et une riche bibliothèque, etc.

The Rose Amateur's Guide: Containing Ample Descriptions of ...
https://books.google.it/books?id... - Traduci questa pagina
Thomas Rivers - 1843 - Leggi - Altre edizioni
Belle Archinto and Bardon are both pale-coloured fine roses, very- double and good, but resembling each, other too much to be ... Comtesse de Molore is a new rose, said to be fine and distinct, but it has not yet bloomed here in perfection.

Souvenirs historiques de la Marquise Constance d'Azeglio, ...

https://books.google.it/books?id=J... - Traduci questa pagina
Costanza Azeglio (marchesa d'), Vittorio Emanuele Tapparelli
Azeglio (marchese d'), Roberto Tapparelli Azeglio (marchese
d') - 1884 - Visualizzazione snippet - Altre edizioni
**Mais je n'ai pu le voir, ainsi que le palais Archinto qui me
semble devoir être le nec plus ultra. La comtesse Samoyloff
vient d'acheter un hôtel à Paris, qu'elle fait abattre et
rebâtir. On croit donc qu'elle abandonnera Milan**

Episode politique en Italie de 1848 à 1858 - Pagina 41
https://books.google.it/books?id... - Traduci questa pagina
Maria Martini Giovio della Torre (contessa.) - 1860 - Leggi -
Altre edizioni
**On y voyait les noms des Borromeo. des Litta, des
Bevilacqua, des Archinto, des Pio, des Belgioioso, des
Casati, des ... La Marquise Douairière de V. aux premiers
jours de la révolution s'était retirée en Suisse,** et la Comtesse
Giovanna et son ...

Léonard de Vinci: dessins et manuscrits : Paris, Musée du ...
https://books.google.it/books?id... - Traduci questa pagina
Leonardo (da Vinci) - 2003 - Visualizzazione snippet
Index Etabli par Bernadette Py Acerra, comtesse d', 186
Adriani, Marcello Virgilio di, 267, 274 Aelius Donatus, 354
Agostino Veneziano, 309 Albert de Saxe. ... 423,424,435
Archinto, Orazio, 387. ... 195, 198, 205, 206, 208, 211, 212,
214, 221, 254, 257, 261, 263, 265, 275, 281, 284, 289.304,306
Ascona (Suisse) Église de ...

Fonds musicaux anciens: Alpes-Maritimes - Pagina 43
https://books.google.it/books?id... - Traduci questa pagina
Marie-Paule Piroud, Sylvie Pujol, ARCAM (Agency : France)
- 1997 - Visualizzazione snippet
dédiée à Madame la Comtesse de Beaumont d'Autichamps par .
le S.r Carel ; [La Nouvelle Angélique] par M r Denis ; [Le
Labyrinthe ... par le S r Carel ; [La Suisse-Anglaise] par un
amateur ; [Le Jardin royal] par le S.r Denis ; [Les Moeurs-du-
temps] par M.r Desplaces. .... **Violini Viola e Violoncelle
composti e dedicati a Sua Eccellenza il Sig.r Conte
Giuseppe Archinto da Alessandro Rolla Maestro** nellé ...

Der Oesterreichische Beobachter - Pagina 1516
https://books.google.it/books?id... - Traduci questa pagina
1838 - Leggi - Altre edizioni
**Ihre Majestät die Kaiserinn »Königin» haben nach-
benannte Damen zu Allerhöchstihren Pallastdamen zu
ernennen geruht:** Guidobaldine Gräfin« Kueffstein, geb.
Gräfin» Paar. Gräfin« Taverna, geb. Gräfin« Torelli. **Christine
Gräfinn Archinto.**

La Mode: revue des modes - Pagina 360
https://books.google.it/books?id=F... - Traduci questa pagina
1838 - Leggi - Altre edizioni
**Puis madame Archinto , dont le col était meurtri par la
pesanteur des diamans qui y formaient rivière. Quand la
cour d'Autriche est arrivée à Milan, le grand chambellan a
demandé aux autorités de la ville, de lui envoyer la liste des
personnes...**